本书为全国教育科学规划一般项目"义务教育阶段教师心理健康素质测评研究"(BBA130014)的最终成果

义务教育阶段教师心理健康素质测评研究

刘金平 ◎ 著

科学出版社
北京

内 容 简 介

本书初步总结了国内关于义务教育阶段教师心理健康素质的相关研究，为未来的相关研究奠定了基础，为认识义务教育阶段教师的心理健康素质提供了一个初步的框架。本书既为义务教育阶段教师心理健康素质的测评提供了一个可供选择的测评工具，也为教师教育改革、教师选拔和培训提供理论基础。在总结近几十年来义务教育阶段教师心理素质相关研究的基础上，本书论述了义务教育阶段教师心理健康素质的主要问题；通过访谈研究，提出了义务教育阶段教师心理健康素质的结构，初步编制了《义务教育阶段教师心理健康素质测量问卷》，并对义务教育阶段教师心理健康素质的现状进行了调查。

本书是基础教育研究者、义务教育阶段教育管理者和中小学教师的重要参考书目。

图书在版编目（CIP）数据

义务教育阶段教师心理健康素质测评研究 / 刘金平著．—北京：科学出版社，2019.6

ISBN 978-7-03-061487-2

Ⅰ.①义… Ⅱ.①刘… Ⅲ.①中小学-教师-心理健康-研究 Ⅳ.①G443

中国版本图书馆CIP数据核字（2019）第111980号

责任编辑：崔文燕 / 责任校对：韩 杨
责任印制：徐晓晨 / 封面设计：润一文化

编辑部电话：010-64033934
E-mail: edu_psy@mail.sciencep.com

科 学 出 版 社 出版
北京东黄城根北街16号
邮政编码：100717
http://www.sciencep.com

北京虎彩文化传播有限公司 印刷
科学出版社发行 各地新华书店经销

*

2019年6月第 一 版　开本：720×1000 B5
2019年6月第一次印刷　印张：13 1/4
字数：200 000

定价：89.00元
（如有印装质量问题，我社负责调换）

前　言

在国外，员工的心理健康状况受到越来越多的关注。有调查显示，在欧洲，28%的白领认为自己的心理健康受到了工作的影响。为此，欧美等国家和地区实行了一系列针对职场员工的压力、焦虑、抑郁干预计划。这些干预计划试图分析出在不同的工作环境中，哪些因素会对员工的心理健康产生消极影响。在该研究中，所列举的一些明显不利于心理健康的工作环境对于高压力下的教师及其他工作者更易产生心理问题。随后，心理健康问题受到国内学者的关注，而一项关于教师心理健康的纵向研究发现中小学教师的心理健康水平令人担忧。近年来，随着国内学者对心理健康由浅入深的研究，心理健康素质问题也越来越受到人们的关注。与此同时，教师心理健康素质也逐步成为我国心理健康研究领域的一个的重要问题。

21世纪初，沈德立在"健康素质"这个概念的基础之上，结合心理学的相关概念提出了"心理健康素质"这一概念。随后，沈德立和马惠霞将其定义如下："个体在遗传和环境因素的影响下，形成的内在的、趋于稳定的心理品质，而且这些品质在个体的心理、生理及社会功能中起着决定性的作用，继而影响人体的心理健康。"[1]

---

[1] 沈德立，马惠霞. 论心理健康素质[J]. 心理与行为研究，2004，2（4）：567-571.

近年来，我国研究者对于心理健康素质的研究主要关注的人群是一般成年人和青少年群体，少数研究者探索了教师尤其是义务教育阶段教师的心理健康素质问题。心理健康素质是个体在遗传和环境的共同作用下形成的某些内在的、相对稳定的心理品质，其影响或决定着个体的心理、生理和社会功能。由此可见，心理健康素质在教师的综合素质结构中占有一席之位，教师若想保持自身素质持续性的提高，就需要良好的心理品质做支撑。有研究发现，近年来随着工作压力的增加，我国教师的心理健康水平呈现缓慢下降的趋势。不同阶段教师的群体心理健康水平的差异也在逐年增大。因此，本书试图从义务教育阶段教师的基本要求出发，结合教师的职业特征，讨论我国义务教育阶段教师心理健康素质的架构与内容，进而为完善和提高义务教育阶段教师的整体心理健康素质提供理论基础和适当的评估工具。

本书共分为三个部分。第一部分使用访谈的方法对教师心理健康素质进行研究，在参考已有文献资料的基础上编写访谈提纲，对河南省开封市的2所小学和2所初中的29名一线教师和4名学校领导进行了访谈，共形成访谈记录33份。访谈资料分析结果显示，义务教育阶段教师心理健康素质的结构包括4个一级维度和16个二级维度。第一个一级维度为认知品质维度：积极的人生态度、客观地认识事物、尊重学生、理解家长和专业素养。第二个一级维度为情绪品质维度：情绪控制。第三个一级维度为行为品质维度：积极影响、热爱职业、家庭和睦和应变能力。第四个一级维度为个性品质维度：责任心、道德感、耐心、包容、乐观和善良。

第二部分是在之前访谈研究的基础上，编制《义务教育阶段教师心理健康素质问卷》。本次研究在河南省开封市的1所初中和1所小学进行，共发放问卷230份，回收有效问卷195份。初步编制的问卷共有102题，包含4个一级维度和16个二级维度，在此基础上进行项目分析和探索性因素分析,将不符合统计规定的题目剔除,得到《义务教育阶段教师心理健康素质问卷》。最终问卷包括48道题目,由4个一级维度和10个二级维度组成。

第三部分是在第二部分的基础上对《义务教育阶段教师心理健康素质问卷》进行信度和效度检验。我们在河南、浙江、福建、黑龙江、北京、山西、重庆、新疆、湖北等地共发放问卷1800份,回收有效问卷1545份。在此数据上进行验证性因素分析、维度总分与问卷总分相关分析,以《自尊问卷》、《教师职业倦怠问卷》和《心理弹性问卷》作为效标进行效标分析;使用Cronbach系数、重测信度进行了信度分析;使用Herman检测对问卷进行了共同方法偏差检验。以上的检测结果均表明问卷效度和信度良好,问卷不存在共同方法偏差,因此该问卷可以作为测量义务教育阶段教师心理健康素质的工具。

本书以城乡、教龄和性别为分组标准,对问卷10个二级维度进行差异性分析得出,在城乡分组上,城乡义务教育阶段教师在积极引导、价值取向、理解他人、自我提升4个二级维度上存在显著差异;按教龄分组,不同教龄义务教育阶段教师在理解他人方面存在显著性差异,在家庭和睦、价值取向维度上存在边缘显著差异;按性别分组,男、女教师的家庭和睦维度存在显著差异,在正向引导和价值取向维度存在边缘显著。

拥有高水平教师素质是保证高水平教育质量的基本条件,这是一个被很多实践证明的事实。深化基础教育改革,提高基础教育质量的一项重要任务就是提高教师素质。教师素质不仅包括教师职业道德建设,而且包括教师专业知识与专业能力的提高,这就需要教师具有一定的职业心理健康素养。一名合格的教师应当具备良好的心理健康素质,这是维持和提升其他能力和素质的根本保证,一名拥有良好心理健康素质的教师应具有良好的职业道德，能够对学生进行耐心的、细致的教学活动。同时，教师拥有优秀的心理健康素质也可以为其专业能力及专业知识提升提供良好的基础条件。

可以说，教师的心理健康素质，特别是为义务教育阶段学生服务的教师的心理健康素质，不仅是教师的个人问题，表现在教师的行为和态度上，而且会影响学生身心健康与发展，这是由教师职业的特殊性所决定的。教师的教育对象是处于身心发展中的学生，他们在学校接受教师的教育时，教师的言行、品德等都会在无形中对其产生影响。心理健康素质水平较高的教师既能够与学生进行良好的互动，理解学生，又能够根据学生的身心发展特点组织日常的教育教学活动，促进学生健康成长。

目 录

前言

第一章　教师心理健康素质研究回顾 // 1

　　第一节　重要概念的界定 // 3

　　第二节　义务教育阶段教师心理健康素质 // 16

第二章　义务教育阶段教师的能力素质 // 25

　　第一节　义务教育阶段教师的能力素质 // 28

　　第二节　义务教育阶段教师的观察力 // 30

　　第三节　义务教育阶段教师的思维能力 // 33

　　第四节　义务教育阶段教师的教育机智 // 41

第三章　义务教育阶段教师的情感素质 // 45

　　第一节　教育和教学是一种情感的实践 // 48

　　第二节　教师情感实证研究 // 50

第四章　义务教育阶段教师的意志品质和职业认同 // 67

　　第一节　义务教育阶段教师的意志品质 // 69

第二节　义务教育阶段教师的职业认同 // 76

　　第三节　义务教育阶段教师的职业倦怠 // 107

第五章　义务教育阶段教师的人格特征 // 125

　　第一节　关于教师人格研究的基本问题 // 128

　　第二节　义务教育阶段教师人格特征研究 // 133

第六章　义务教育阶段教师心理健康素质访谈研究 // 143

　　第一节　教师心理健康素质访谈研究设计 // 145

　　第二节　访谈结果的整理和分析 // 148

第七章　《义务教育阶段教师心理健康素质问卷》的编制 // 163

　　第一节　预测问卷的编制 // 165

　　第二节　正式问卷的编制 // 175

第八章　义务教育阶段教师心理健康素质调查结果 // 185

　　第一节　义务教育阶段教师心理健康素质人口学变量上的差异分析 // 187

　　第二节　对《义务教育阶段教师心理健康素质问卷》的讨论 // 191

结语 // 195

附录 // 198

　　附录一　访谈指导语 // 198

　　附录二　《义务教育阶段教师心理健康素质问卷》（初测）// 199

　　附录三　《义务教育阶段教师心理健康素质问卷》（重测）// 201

第一章
教师心理健康素质研究回顾

第一节 重要概念的界定

心理健康一直是心理学界的热门研究课题之一。在中国知网，以"心理健康"为主题词搜索，结果显示，从20世纪80年代到2018年5月，国内相关文献达二十余万条。可见，心理健康一直是数十年来学界研究的热点。

近三十年来，国内学术界虽然对教师特别是中小学教师的心理健康问题进行了深入研究，但是，对中小学教师心理健康素质的研究较为薄弱，而且存在一些亟须解决的问题。第一，研究所用工具以《一般症状自评量表》为主。[1]~[3]该量表适用于测评个体短期内（一周左右）的心理健康状况，但该量表适用于一般人群，对中小学教师群体来说不具有针对性。第二，研究的目的是以发现中小学教师的心理健康问题为主，而不是着眼于从积极方面探讨中小学教师应具有的

---

[1] 贾林祥，宋广文. 中小学教师心理健康的调查研究[J]. 上海教育科研，1999（6）：42-45.
[2] 吴樟兴. 中学教师心理健康状况的调查研究[J]. 教育探索，2002（5）：76-78.
[3] 余秋梅，李里，周波，等. 云南省中小学教师心理健康状况调查与分析[J]. 中国健康心理学杂志，2015（2）：201-204.

积极心理品质。①~③

有研究者讨论了教师心理健康素质的本质和结构，认为"心理健康素质是教师在与周围环境交互作用的过程中所表现出来的持续、积极、良好的心理机能状态"；并认为中小学教师心理健康素质包括一般心理健康素质和专业心理健康素质两大部分，前者由"认知、情感、行为与人格"4个维度组成，后者由"以学论教、正向引导、心理沟通与问题应对"4个维度组成。④有研究者认为，教师心理健康素质问卷由一般心理健康素质问卷的8个维度和职业心理健康素质问卷的5个维度构成。⑤可以看出，学界对教师心理健康素质结构的认识还不统一。

高水平的教师素质是保证高水平教育教学的基本条件，这已被众多实践所证实。深化基础教育改革和提高基础教育质量的一项重要任务是提高教师素质。教师的整体素质除了包括教师的职业道德素养、教师专业知识素养和专业能力素养外，还包括一定的职业心理健康素养。具备良好的心理健康素质是教师维持和提升其他能力和素质的根本保证，拥有良好的心理健康素质有助于教师养成高尚的职业道德和完善的人格结构，有助于教师提高知识和能力素养。

教师，特别是义务教育阶段教师的心理健康素质直接影响着学生的身心健康，⑥这是由教师职业的特殊性所决定的。教师的工作对象是处于身心发展中的学生，他们在接受教育时，教师的言行、品德等都会在无形中对其产生影响。心理健康素质较高的教师能够充分理解学生，与学生进行良好的沟通，根据学生的身心发展特点组织日常

---

① 周雪梅，俞国良．教师心理健康问题：类型、成因和对策[J]．教育科学，2003（3）：51-54．
② 吴樟兴．中学教师心理健康状况的调查研究[J]．教育探索，2002（5）：76-78．
③ 王智，李西营，张大均．中国近20年教师心理健康研究述评[J]．心理科学，2010（2）：380-383．
④ 刘晓明，王丽荣．教师心理健康素质：教育价值与构成要素[J]．中小学教师培训，2016（8）：69-72．
⑤ 李婷婷，刘晓明．教师心理健康素质问卷编制[J]．中国健康心理学杂志，2015（8）：1204-1212．
⑥ 么娜，李剑．浅谈提高教师心理健康素质的途径[J]．中国人才，2010（22）：23-24．

的教育教学活动,促进学生健康成长。那么,义务教育阶段的教师应该具备什么样的心理健康素质?从什么角度来界定?为了回答这些问题,我们先讨论以下两方面内容。

一、心理健康的相关研究

(一)心理健康

对于心理健康的定义,学界没有统一的界定。多数学者认为,心理健康是指"在身体、智能及情感上与他人心理健康状态不相冲突的范围内,把个人心境发展到最好状态"[1]。该定义是将心理健康与他人相处时的状态作为参考标准,以此来判断心理健康的程度,但是这一定义并没有被学界一致接受。目前,对心理健康本质的认识有以下几种观点。

第一,心理健康是一种状态。在这种状态下,个体与外部环境保持较好的协调。比如《简明不列颠百科全书》对心理健康的解释是,"个体心理在自身和周围环境允许内达到最好状态,但并非完美的绝对状态"[2]。这种心理健康状态表现为,个体在心理上能感受到幸福,能够在日常的活动中表现出积极的内心体验、拥有较强的适应能力,可以有效地发挥自身所拥有的潜能。总之,这种观点认为,心理健康体现了一个人持续的、积极的、充满生命活力的心理状态。

第二,心理健康是健康人格的基本属性。这种观点有一定道理。按照特质论的观点,人格是由特质构成的某种心理特性,它决定了人们的外在行为。卡特尔将人格特质分为表面特质和根源特质。前

---

[1] Lavikainen J. Public health approach on mental health in Europe[J]. Health Education,2000,101(3):139-141.

[2] 中国大百科全书出版社简明不列颠百科全书部.简明不列颠百科全书[M].北京:中国百科全书出版社,1986.

者是指体现在外部行为中的、人们可以直接观察到的特质，它具有适应性，会随环境的改变而改变。后者是内在的、决定表面特质的、最基本的人格特质，是那些稳定的、作为人格结构的基本因素的特质，比如"乐群性""情绪稳定性"就属于根源特质。心理健康素质类似于卡特尔讲的根源特质。我们知道人格特质是在遗传基础上，在个体的生活过程中逐步形成的具有稳定性和差异性的心理特点。它对人的行为选择和环境适应有着重要作用，基本上决定了人们应对问题时的心理体验和行为。因此在这个意义上说，健全和完善的人格是心理健康的核心成分，也是个体心理发展的最终目的。人本主义心理学的代表人物马斯洛（Maslow）认为，能够成就自我实现的人属于心理健康者，或者说，心理健康的人应具有自我实现者的特征。

第三，心理健康是个体心理机能的发展。这里的心理机能指的是能够在个体的日常生活中产生有效影响的心理活动的特点。[①]按照这种观点，拥有良好心理机能的人在与周围环境进行互动的时候，能够很好地理解当前所处的环境，可以因时因地灵活地选择较好的策略应对面临的问题，始终保持自身与环境之间的融洽状态。这种观点强调心理健康是指向心理机能的，当个体有足够的能力和技巧解决问题、适应环境时，其心理处于健康状态。

上述三种观点要么把心理健康看作良好的心理状态，要么把心理健康看作健全的人格或者良好的适应机能，但均认为心理健康是一种正常的、积极的、完整的、充满活力的、与环境能够很好互动的人生状态。

---

① 刘晓明. 对教师心理健康价值的思考：社会与教育发展的视角 [J]. 吉林省教育学院学报，2008（5）：5-8.

（二）心理健康素质

"素质"（diathesis）一词最初的含义是性情和倾向性，与古希腊时期医学界流行的体液说有一定的联系。19世纪，随着精神病学的兴起，这一词语被引入精神病学领域，与精神疾病的患病倾向性或者说易感染性相联系。[①]

研究者对素质本质的认识尚未统一。国外心理学中似乎没有与"心理健康素质"对应的概念，但有一些与其密切相关的概念，如自我概念、自尊、自我同一性等。[②]

有研究者认为，素质这一概念是相对的，虽然许多领域对专业人员都有素质的要求，但它较难把握，不易量化，且具有多维属性（比如教师的专业素质、人文素质、心理素质、信息素质及情感素质等）。[③]梁宝勇将素质视为影响健康水平的内在身心特质，是遗传和环境因素相互作用而形成的。[④]杨叔子认为，素质是一种内化的稳定品质，而这种品质在先天基因、后天环境及个人长期实践的作用下形成的。[⑤]综上所述，素质主要是内外因素作用下心理和生理共同组成的个人发展的基础条件。我们这里讨论的心理健康素质是素质的一种，正如沈德立和马慧霞所说，"心理健康素质"是"个体在遗传和环境因素的影响下形成的内在的、趋于稳定的心理品质，而且这些品质在个体的心理、生理及社会功能中起着决定性的作用，继而影响人体的心理健康"[⑥]。按照这种观点，心理健康素质显然是

[①] Monroe S M, Simons A D. Diathesis-stress theories in the context of life stress research: Implication for the depressive disorders[J]. Psychological Bulletin, 1991, 110（3）: 406-425.

[②] 江光荣, 柳珺珺, 黎少游, 等. 国内外心理健康素质研究综述[J]. 心理与行为研究, 2004, 2（4）: 586-591.

[③] Abdous M. E-learning quality assurance: A process-oriented lifecycle model[J]. Quality Assurance in Education, 2009, 17（3）: 281-295.

[④] 梁宝勇. 关于心理健康素质及其结构的思考[J]. 心理与行为研究, 2004, 2（4）: 577-581.

[⑤] 杨叔子. 素质·文化·教育[J]. 高等教育研究, 2012（10）: 1-7.

[⑥] 沈德立, 马惠霞. 论心理健康素质[J]. 心理与行为研究, 2004, 2（4）: 567-571.

一种心理素质，它与人格有关，具有稳定性，是人们学习、工作和生活的基础。

综上所述，心理健康和心理健康素质之间既有密切联系又有明显区别。其联系主要表现在，心理健康作为一种心理状态在很大程度上是由个体的心理健康素质决定的。其区别主要表现在，心理健康素质是一种比较稳定的心理特质，心理健康是一种相对不稳定的心理状态；心理健康素质是内在的特质，心理健康则是一种外在的表现。总之，心理健康素质是内在的、稳定的品质，而心理健康则是这种品质的外在的、变化着的行为表现。

（三）心理健康的评价标准

心理健康的评价标准问题一直在学界争论不休。马斯洛和米特尔曼认为，心理健康具有下面几个方面的标准：具有适度的安全感；充分了解自己和评价自己的能力；有能力从经验中学习；生活目标是现实的；适应周围现实环境；恰当的处理人际关系；情绪表达及控制适当；人格完整；在不违背集体要求的原则下，适度发挥个性；在不违背社会规范的原则下，恰如其分地满足个人需要。[①]20世纪50年代，美国心理学家亚霍达（Jahoda）从情绪、人格等6个方面建立了一个关于心理健康评价的框架，包括正确认识自己和自己的情绪；荣获成就，面向未来；有良好的心理状态，能抵御压力；独立，了解自己的需要；正确理解客观现实，具有同理心；适应环境，能够处理好工作和娱乐的关系。

通过上述对心理健康的相关定义和评价角度的回顾可以发现，众多学者对于心理健康的定义以及评价的侧重点不同，但是有一个共

---

① Maslow A H，Mittelmann B. Principles of abnormal psychology[J]. Journal of Nervous & Mental Disease，1941，86（3）：569-574.

同点就是，他们都认为心理健康是个体的内在与外在环境的和谐共处。心理健康具有不同的层次，可以将其分为适应性和发展性两个层次。心理健康的适应性是指个体与环境之间的协调和适应。这里的环境包括客观环境和主观环境。客观环境包括自然环境、社会环境和人际环境；主观环境是个体所具有的包括认知、情绪等在内的心理活动。心理健康的发展性关注的是个体的能力和素质能否得到充分的发展。两个层次之间相互连接互相渗透。

（四）教师心理健康

教师的心理健康是一种持续的、积极的心理状态，是由教师与周围环境相互作用而维持的。近年来，越来越多的国内学者开始关注教师的心理健康。

关于心理健康的标准，不同学者提出了不同的标准。有研究者认为，心理健康的标准包括认知功能正常、情绪反应适度、意志品质健全、自我意识客观、个性结构完善、人际关系协调、社会适应良好、人生态度积极、行为表现规范和活动效能吻合年龄。[①]

孙铭钟提出，教师心理健康的标准包括热爱教师职业、和谐的人际关系、正确地认识自我、坚韧与自制、有效调节不良情绪、好学与创新。[②]

林崇德等将其归纳为以下6点："①一个好的教育意识水平；②欣然接受教师职业；③一种稳定而积极的教育心态；④良好的教育意愿；⑤和谐的人际关系；⑥适应周围环境。"[③] 俞国良认为，可以从以下5个方面对教师心理健康标准进行评定："①认同教师职业，热

[①] 陈永胜. 小学生心理卫生 [M]. 济南：山东教育出版社，1994.
[②] 孙铭钟. 教师心理健康的标准和对策 [J]. 应用心理学，2003, 9（1）：61-64.
[③] 林崇德，李虹，冯瑞琴. 科学地理解心理健康与心理健康教育 [J]. 陕西师范大学学报（哲学社会科学版），2003, 32（5）：110-116.

爱教育工作；②人际关系融洽；③正确地认识和调控自我；④有独立和创新精神；⑤在教育活动和日常生活中，我们可以注意情绪，适当控制情绪。"①

有学者认为，教师心理健康的标准有以下3个方面。第一，对教师角色认同，热爱教育工作，勤于教育工作，能积极投入到工作中，将自身的才能在教育工作中表现出来，由此获得成就感和满足感，并免除不必要的忧虑。第二，有良好和谐的人际关系。第三，正确地了解自我、体验自我和控制自我，对现实环境有正确的感知，能平衡自我与现实、理想与现实的关系。②

还有学者认为，教师心理健康的标准包括以下6个方面。一是教师要有广泛的兴趣爱好，心理健康者能够主动、直接从事不同的活动，他们的兴趣广泛，能够积极、主动地参加有意义的活动。能参与多项活动者的心理更健康。二是与他人、与社会建立融洽的关系。三是教师要善于与他人交往，能与他人建立良好的关系。在与他人相处时，其正面的态度大于反面的态度。在集体中，其有自己志同道合的朋友，能关心集体荣誉，有勇于牺牲个人的利益，为集体着想，为他人求幸福的思想。四是要有情绪上的安全感，对于心理健康的人来说，其具有抗挫折、抗恐惧能力，当发生不安全问题和意外事故时，有较强的忍耐力，也就是具有坚定、果断的顽强毅力。五是具有较强的自信心及接受现实生活挑战的欲望，能接受生活的挑战，这也证明一个人的能力及价值，并能发挥自身的潜能，为了自己的理想而努力。六是要对自己的工作投入精力，平时注重通过学习提高自己，当一个人能够全身心地投入工作及学习时，在工作和学习中获得成功，在成功感满

---

① 俞国良，金东贤，郑建君. 教师心理健康评价量表的编制及现状研究 [J]. 心理发展与教育，2010，V26（3）：295-301.

② 俞国良. 教师心理健康标准 [J]. 陕西教育（教学版），2016（6）：11.

足了自己的生活欲望时，这也是心理健康的表现。这种做事有目标、有工作热情的人，头脑也是清晰的，有坚强的毅力，做事循序渐进。①

2000年国家中小学心理健康教育课题组的一份检测报告显示，中小学教师有着严重的心理健康问题。该报告对辽宁省14个城市的167所城乡中小学的2292名教师进行了调查。检测发现，51.12%教师存在心理问题。其中，32.18%属轻度心理障碍，16.15%属中度心理障碍，2.49%已构成心理疾病。一些研究发现，中小学教师的主要心理问题是强迫症、人际关系敏感、抑郁、焦虑、恐怖等精神障碍。因此，加强中小学教师心理健康教育工作，使教师具备良好的心理品质和自尊、自爱、自律、自强的优良品格以及较强的心理调适能力，是新形势下全面贯彻党的教育方针、实施素质教育的重要举措。②

人的素质主要包括身体素质、心理素质和社会文化素质，其中身心素质是最基本的前提。由于教师角色的独特性，教师在学生的心理发展中具有重要作用。一名合格的教师，除具备良好的思想道德素质、业务素质、身体素质外，还必须具有健康的心理素质。按照社会心理学观点，教师是青少年生活中不可替代的"重要他人"。在学校里，教师与学生有长时间面对面的接触机会，教师的言谈举止和情绪是教育环境的组成部分。教师如果心理不健康，就不能正确理解学生的心理、行为，可能出现赏罚无度、喜怒无常，容易使师生矛盾尖锐，引起学生情绪的困扰、适应不良，甚至发生心理障碍；反之，教师如果心理健康，就能够尊重、理解学生，与学生建立平等、民主的良好关系，能根据心理卫生的要求组织教学和日常教育活动，对促进学生心理健康会有积极影响。中小学生本身心理发展还不成熟，社会经历有限，具有模仿性强、好奇心盛、可塑性大等心理特点。心理健

---

① 梁生荣.教师心理健康对学生的影响[J].新课程（下），2014（3）：27.
② 孙铭钟.教师心理健康的标准和对策[J].应用心理学，2003，9（1）：61-64.

康的教师可通过自身展示的社会行为的修养范例，潜移默化地促进学生的心理健康。从某种意义上说，教师心理健康状况比教师的专业学科知识和日常教育活动更为重要。教师不仅在传授知识，更是在塑造人格。教师的心理健康是学生心理健康的先决条件。①

由以上标准可以看出，心理健康素质是一种稳定的心理特质，这种心理特质与心理健康之间具有相当紧密的关系。心理健康素质是内在、稳定的品质，而心理健康则是这种品质的外在表现。

（五）教师心理健康对学生的影响

教师心理健康对学生的影响包括：①对学生学习效果的影响；②对学生之间良好人际关系形成的影响；③对学生乐观情绪建立的影响；④对学生健全人格养成的影响。②

二、心理健康素质的相关研究

（一）素质

在中国古代，素质主要有以下几种观点。第一，白色质地。《说文解字》中将"素"解释为白致缯也。③致，密也；缯，帛也。"质"为以物相赘，即以物作为抵押。④第二，事物本来的性质。《管子·势》中"正静不争，动作不贰，素质不留，与地同极"，其中"素质不留"则是在说本质上并不存在杀戮之心。⑤现代对素质的定义有以下几个来源。第一，《现代汉语词典》对素质一词的定义：心理学上指人的

---

① 孙铭钟. 教师心理健康的标准和对策 [J]. 应用心理学，2003，9（1）：61-64.
② 梁生荣. 教师心理健康对学生的影响 [J]. 新课程（下）（3），2014，27.
③ http://www.cidianwang.com/shuowenjiezi/su2819.htm.
④ http://www.cidianwang.com/shuowenjiezi/zhi3687.htm.
⑤ https://baike.baidu.com/item/%E7%AE%A1%E5%AD%90%C2%B7%E5%8A%BF/19831155?fr=aladdin.

某些先天的特点；事物本来的性质；素养；白色的质地。①第二，《辞海》对素质的解释有3点：一是在人或事物在某些方面的本来特点和原有基础；二是人们在实践中增长的素养；三是指人的先天的解剖生理特点，主要是感觉器官好神经系统方面的特点。②

"素质"一词在传统医学和生物学的学术领域中，主要突出了其在生物学上的解释，认为素质是先天的、由遗传所控制的物质。在一些医学类书籍中，素质被视为由某些基因或基因组合构成的能引起某种疾病的易感性。

与传统医学和生物学不同的是，在心理学领域，素质越来越被认为是"个体固有的解剖和生理特征，包括神经系统的结构和机能特征，感官器官、运动器官、人体结构和功能，由遗传决定，受胎儿产前环境的影响"③。随着研究的深入，素质的含义与早年的阐述有了较大的变化，主要表现在素质内涵的扩大，素质不再被认为一种生物学现象，更多的包含了心理或者行为特质。与此同时，心理学及行为学上的研究也证实，素质的形成并不仅受到遗传物质的影响，个体所处的环境也是重要因素。早年间，素质一词多指代对身心健康有负面影响的特质，然而，后期有研究发现有些特质可以促进个体的身心健康，是个体身心健康的重要内在因素。

关于素质的定义，国内外学者各抒己见。国外学者在研究中表明，素质这一词在众多研究领域中是模糊的，即使对素质的现存概念具有高度的相关性，但仍没有达成共识。Pounder表示，"素质"是众所周知的模糊概念，高等教育领域中的学者在将这一概念应用于高等教育中时，意识到了这一概念的模糊，而"素质"这一模糊性的本

---

① https://cidian.911cha.com/bzAxaw==.html.
② 夏征农.辞海：1999年版缩印本[M].上海：上海辞书出版社，2000：1479.
③ 林崇德，杨治良，黄希庭.心理学大辞典（上）[Z].上海：上海教育出版社，2003：873.

质又被 Reeves 等在对其概念研究的过程中所强调，因为学者在对"素质"进行普遍性概念界定的这一研究过程被认定为是失败的。① 梁宝勇将素质视为影响健康水平的内在身心特质，是遗传和环境因素相互作用而形成的。② 杨叔子认为，素质是一种内化的稳定品质，而这种品质在先天基因、后天环境及个人长期实践的作用下形成的。综合已有概念，素质主要是内外因素作用下心理和生理共同组成的个人发展的基础条件。③ 其实，素质这一概念是相对的，虽然在许多领域里素质是相当重要的，但其具有较难理解且多维的属性。这与已有的研究是相吻合的。现有研究多探讨专业、人文、心理、信息及情感等方面的素质。

（二）心理健康素质

在西方心理学中似乎不易找到与"心理健康素质"直接对应的概念，但是有与其近似或类似的概念，如自我概念、自尊、自我同一性等一些与自我认知相关的研究，除此之外，还有气质、归因风格、应对方式等与人格相关的研究。④

沈德立和马惠霞在"健康素质"这个概念的基础之上，结合心理学的观点提出了"心理健康素质"这一概念并将其定义为："个体在遗传和环境因素的影响下，形成的内在的、趋于稳定的心理品质，而且这些品质在个体的心理、生理及社会功能中起着决定性的作用，继而影响人体的心理健康。"⑤ 可以看出，心理健康素质是一种心理素质，与人格有关，具有稳定性。它是人们学习、工作和生活的基础。

---

① Pounder J. Institutional performance in higher education: Is quality a relevant concept?[J]. Quality Assurance in Education, 1999, 7（3）: 156-165.
② 梁宝勇. 关于心理健康素质及其结构的思考 [J]. 心理与行为研究, 2004, 2（4）: 577-581.
③ 杨叔子. 素质·文化·教育 [J]. 高等教育研究, 2012（10）: 1-7.
④ 江光荣, 柳珺珺, 黎少游, 等. 国内外心理健康素质研究综述 [J]. 心理与行为研究, 2004, 2（4）: 586-591.
⑤ 沈德立, 马惠霞. 论心理健康素质 [J]. 心理与行为研究, 2004, 2（4）: 567-571.

（三）心理健康素质的测量工具

对心理健康素质测量问卷的编制也随着这一名词的提出开始了。国内对于这方面的研究较为有代表性的问卷是心理健康素质评价体系的 10 个量表和《青少年心理健康素质问卷》。心理健康素质评价体系包括《中国成年人生活信念量表》[1]、《认知风格量表》[2]、《多维社会赞许性量表》[3]、《心理弹性量表》[4]、《情绪性量表》[5]、《一般自我概念量表》[6]、《健康信念量表》[7]、《坚韧人格量表》[8]、《人际健康素质量表》[9]，以及《应对风格量表》[10]。其中，认知风格和应对风格是"次特质"，这是由上述 8 层的特质所决定的。[11] 为了适应人才选拔的需要，2016 年张秀阁和梁宝勇编写了《中国成年人核心心理健康素质总量表》，其中主要包含自我概念、人际素质、坚韧性、心理弹性和情绪性 5 种人格特征。

---

[1] 张秀阁，梁宝勇. 心理健康素质测评系统·中国成年人生活信念量表的编制 [J]. 心理与行为研究，2012，10（5）：340-346.

[2] 杨丽，翟瑞龙，齐振亚，等. 心理健康素质测评系统·中国成年人认知风格问卷的编制 [J]. 心理与行为研究，2012，10（5）：332-339.

[3] 李强，徐晟，李凌，等. 心理健康素质测评系统·中国成年人多维社会赞许性量表的编制 [J]. 心理与行为研究，2012，10（4）：255-261.

[4] 梁宝勇，程诚. 心理健康素质测评系统·中国成年人心理弹性量表的编制 [J]. 心理与行为研究，2012，10（4）：269-277.

[5] 洪炜，张严. 心理健康素质测评系统·中国成年人情绪性量表的编制 [J]. 心理与行为研究，2012，10（4）：262-268.

[6] 方晓义，袁晓娇，曹洪健，等. 心理健康素质测评系统·中国成年人一般自我概念量表的编制 [J]. 心理与行为研究，2012，10（4）：248-254.

[7] 郝志红，梁宝勇. 心理健康素质测评系统·中国成年人健康信念量表全国常模的制定 [J]. 心理与行为研究，2014，12（6）：730-734.

[8] 卢国华，于丽荣，梁宝勇. 心理健康素质测评系统·中国成年人坚韧人格量表的编制 [J]. 心理与行为研究，2012，10（5）：321-325.

[9] 白学军，刘旭，李馨，等. 心理健康素质测评系统·中国成年人人际健康素质量表的编制 [J]. 心理与行为研究，2013，10（1）：1-8.

[10] 梁宝勇，吴雨晨. 心理健康素质测评系统·中国成年人应对风格量表的编制 [J]. 心理与行为研究，2013，1（1）：9-15.

[11] 梁宝勇. 心理健康素质测评系统·基本概念、理论与编制构思 [J]. 心理与行为研究，2012，10（4）：241-247.

国内学者常用《一般自我概念量表》作为教师心理健康的测量工具。[①]也有研究者尝试编制了《教师心理健康评定量表》。[②]该量表的优点是测量内容更全面，但是一个量表用来测量从幼儿园到大学的所有教育阶段的教师，缺乏针对性。处于不同阶段的教师，他们的教育教学任务、环境及要求都是不一样的，因而对他们心理健康素质的要求也是极其不同的。故而，有必要编制《义务教育阶段教师心理健康素质测评量表》。

（四）心理健康素质与心理健康的关系

由心理健康和心理健康素质的概念可以发现，心理健康素质与心理健康之间的关系十分密切。从根本上来讲，心理健康素质是一种稳定的心理特质，心理健康则是一种个体外在的、表现出与内外部环境和谐相处并且具有积极心理体验的状态。由此可见，心理健康素质是内在的、稳定的品质，而心理健康则是这种品质的外在表现。

第二节　义务教育阶段教师心理健康素质

一、义务教育阶段教师的教育对象决定其心理健康素质具有特殊性

在普遍意义上教师被认为是一种高压行业，其面临的压力源是多元的：课堂教学、学生管理、知识学习、家庭生活以及处理师生关

[①] 张积家，陆爱桃．十年来教师心理健康研究的回顾和展望 [J]．教育研究，2008（1）：48-55．
[②] 俞国良，金东贤，郑建君．教师心理健康评价量表的编制及现状研究 [J]．心理发展与教育，2010，V26（3）：295-301．

系、同事关系、教师与家长的关系等。因此，具有良好的心理健康素质对于教师，尤其对于义务教育阶段教师来说十分重要，这是由其教育对象的特殊性决定的。第一，作为义务教育阶段教师教育对象的儿童和少年，处于身心发展特殊时期，他们的心智、知识、行为特点既不同于幼儿也不同于高中生。儿童期的早期（比如小学一二年级）的学生，还没有完全脱离幼儿期的"幼稚"心智和行为特点。这就要求小学教师特别是小学低年级老师，既要有幼儿教师的耐心、细心、爱心、恒心，谨慎照顾和关心学生，又要对学生提出新的发展要求，促进其心智、行为快速成长。少年期基本对应于初中学生。众所周知，少年期是"暴风骤雨期""叛逆期""心理断乳期"，是儿童向成年人的过渡期。也可以说，少年期处于"半儿童半成人"时期。其总体特点是身体发育较快，各种生理机能逐渐成熟，特别是性的成熟及第二性征的出现使其具有了鲜明的性别意识；知识的增长、能力的提高，使其在自我认识方面有了突破性发展，其心理独立性凸显，不像小学生那样对老师唯命是从，他们对事物有了自己的独立见解。但是少年的这种强烈的独立意识一般还没有发展起来与其相适应的认识能力、知识和技能等作为支撑，因此这种"独立意识"还不足以保证其担当起独立的责任。这就要求初中老师必须具备其他学段教师没有的，或者对其他学段教师不是很迫切需要的智识、能力和人格特质等心理健康素质。第二，儿童和少年心理的"幼稚性""过渡性""快速成长性"等特点决定了该阶段的学生心理具有敏感性，在某种程度上还具有"脆弱性"，一般来说相比高中生更容易受到教师言行的影响，教师本身的心理健康素质高低会直接或间接地影响学生的心理健康和人格成长。因此，必须确保小学与初中教师具有良好的心理健康素质，保持积极的生活和工作态度。他们在提高和完善教学技能、能力的同时，还要提高心理健康素质，建立一套完整的心理调适机制，能够适应工作任务的要求。[①]

二、义务教育阶段教师心理健康素质的基本结构

要确定义务教育阶段教师心理健康素质的基本结构，首先要确定从哪个角度出发来确定其基本结构。这里有两个潜在的思路：一个是"理论推动的"思路，另一个是"数据推动的"思路。前者意味着，义务教育阶段教师心理健康素质的基本结构的构建，要充分吸收或者要充分考虑相关的理论基础，即在理论上站得住脚。后者意味着，义务教育阶段教师心理健康素质基本结构的构建，要充分考虑数据的支撑，即要有充分的事实为根据。我们说它们是"潜在的思路"，意思是它们是可以供研究者选择的思考问题框架。我们认为，"理论"和"数据"都要考虑，试图确定的义务教育阶段教师心理健康素质的基本结构，既要有坚实的理论基础，又要有充分的数据支撑。

从"数据推动"的角度出发，有研究者调查了中小学教师的心理健康结构结果显示，中小学教师认为，心理健康的教师应具有道德品质、人际关系、责任感、自我效能和情绪、创造力、工作态度和素质6方面的特征。中小学教师普遍认为，比较重要的心理健康的特征有责任心、爱心、良好的道德品质、工作认真踏实、待人处事客观公正、积极进取、良好的人际关系等。[②]

有研究者从"理论推动"的角度尝试构建中小学教师心理健康素质结构。比如从积极心理学角度出发，研究者认为，教师心理健康素质结构应该包含认知合理、情绪稳定和意志坚定3个方面。[③] 有研

[①] 李婷婷，刘晓明. 积极心理学视角下教师心理健康素质的概念和结构初探 [J]. 心理学进展，2014，4（6）：807-813.

[②] 边玉芳，滕春燕. 教师心理健康内隐观研究 [J]. 心理科学，2003，26（3）：483-486.

[③] 田守花. 关于积极心理学视角下的教师心理健康素质的思考 [J]. 教育与教学研究，2006，20（12）：13-14.

究者认为,应该培养中小学教师具有正确的人生观、价值观,具有良好的人格品质,高水平的情绪控制能力和处理好人际关系的能力。① 另外有研究者认为,中小学教师心理健康素质包含一般心理健康素质和职业心理健康素质,一般心理健康素质由认知、情绪、行为、人格(个性)4个方面共8个维度组成,而职业心理健康素质则由教学和管理2个方面共5个维度组成。②

通过对以往文献的研究,结合专家意见以及对小学和初中教师、学校管理者的访谈结果,我们认为,小学和初中教师应该具备5个方面的心理健康素质:认知素质、情绪素质、行为和意志素质、个性素质和能力素质。③ 认知素质指的是教师在工作中需要的教师知识、教师信念以及教师态度等。教师知识指的是教师自身所掌握的知识,教师知识有7个特点:目的性、创造性、复合性、开放性、超前性、差异性和动态性;教师知识的主要结构包括基础知识、专业知识和情境知识。④ 教师所持有的信念会影响教师的观点以及判断,也会影响教师的课堂行为,对自身的心理健康也会产生一定的影响。教师态度指的是教师对于职业、学生、学生家长、同事等处于教师工作环境中的个体的态度。

情绪素质在这里特指教师在工作中遇到情绪事件时能够迅速识别、体认自己的情绪,能够适时、适度、合理地调节控制自我情绪,以确保能够"稳住局面"。国外对于教师情绪的研究较为匮乏。首先,西方学者对于情绪问题存在较深的偏见。其次,虽然学者强调了教师情绪所占的重要地位,但教育领域对于研究情绪这种无法被客观评定

---

① 晁义.基于积极心理学的农村教师心理调控策略研究[J].宁波教育学院学报,2011,13(2):53-57.
② 李婷婷,刘晓明.教师心理健康素质问卷编制[J].中国健康心理学杂志,2015(8):1204-1212.
③ 刘金平.义务教育阶段教师心理健康素质访谈研究[J].河南大学学报(社会科学版),2018,58(3):106-111.
④ 刘清华.教师知识的模型建构研究[D].西南师范大学博士学位论文,2004.

的较难捉摸的变量持怀疑的态度。最后，情绪通常与女性主义的哲学观相联系，因此便会被从父权结构的衡量标准（是不是值得做的，或是有效度的研究问题）中排除出去。对于教师情绪的研究存在两股思潮。第一股聚焦教师压力与倦怠。但这方面的研究同样是避免使用"情绪"这个名词，以焦虑、沮丧或神经紧张而代之。第二股则针对社会关系，比如在课堂和学校等背景下对于情绪的识别。因此，关于教师情绪的研究多强调教师情绪在教与学中所发挥的作用。[①]学界对情绪有不同的定义。有学者将情绪看作一种社会建构、一种个人的生存方式。另有学者将情绪描述为包含情绪、认知、动机、表达以及外周生理学过程的心理子系统的多成分的调节过程。这一过程的发生不仅仅是由于对当前刺激的反应，而且会被对过去事件的回忆和对未来可能发生事件的预期所激发。[②]研究者认为，教师情绪是由动态的精神状态水平、情绪自我调节的能力以及对外部刺激的反应所合成的。[③]教师的情绪并不是存在于身体内部的反应，是与学生、同事以及父母相互作用的结果。因此，教师情绪是与环境相关的，这也意味着教师情绪不仅仅单独存在于单独的个体和环境中，而且存在于个人与环境的交互中。为了应对这些情绪，教师需要在人际交往与教学中进行较为完善的情绪管理。国内研究者调查了初中教师的愉悦、爱、悲伤、愤怒和恐惧等情绪，发现教师体验到的愉悦和不愉悦情绪主要源于同学生、同事、领导和父母的交际。[④]陈秀敏对初中教师情绪表现的研究中发现，男教师的正、负性情绪掩饰性高于女教师，教龄和

---

① Michalinos Zembylas. Beyond teacher cognition and teacher beliefs: The value of the ethnography of emotions in teaching[J]. International Journal of Qualitative Studies in Education，2005，18（4）：465-487.

② Eren A. Relational analysis of prospective teachers' emotions about teaching, emotional styles, and professional plans about teaching[J]. Australian Educational Researcher，2014，41（4）：381-409.

③ Shaalan Farouk. What can the self-conscious emotion of guilt tell us about primary school teachers' moral purpose and the relationships they have with their pupils?[J]. Teachers & Teaching，2012，18（4）：491-507.

④ Chen J. Understanding teacher emotions: The development of a teacher emotion inventory[J]. Teaching & Teacher Education，2016（55）：68-77.

职称对情绪表现没有影响，而且教师的情绪表现与个人教学效能感存在一定的联系，教学效能感对教师情绪表现起到提升的作用。[1]研究发现，教师的消极课堂情绪显著降低教学效果，极个别教师反映来自同事或上级的消极情绪会激发教师上课的斗志，反而会提升教学效果。[2]

教师意志品质的特点是能够根据预定的计划调节自身行为，克服那些阻止其达到目的的障碍。在课堂教学的过程中，教师会面临很多挑战，例如对全班学生学习情况的了解、对学生优缺点的分析、对教学大纲的理解、教学目标的确定、教学过程中可能会出现的问题以及教学后的总结与反思。教师只有具有坚强的意志，才能使课堂教学顺利进行，故教师意志成了影响课堂教学的一种非智力因素。[3]一般来说，教师在教学活动中起主导作用，其意志的作用主要体现在能够克服教学和教育活动中遇到的各种困难和障碍，达到既定的教学和教育目标。[4]教师的意志品质应具有自觉性、果断性、坚持性和自制性，这是作为教师特别是义务教育阶段教师必须具备的品质。但是教师的意志不是万能的，有时付出巨大努力而教育教学的效果并不理想。这种情况的原因大致有4个方面。首先，教师教学实践的要素复杂、环节较多；其次，工作对象具有特殊性；再次，工作性质特殊（教书育人）；最后，中介较多（教师的教育教学效果要通过许多因素体现，如学生的学习动机）。[5]我们知道，优秀的意志品质不是天生的，而是需要在实践中进行训练。如何有效地培养义务教育阶段教师的意志品质是未来研究的重要课题。

---

[1] 陈秀敏. 关于初中教师情绪表现特点的研究 [J]. 中小学管理，2009（3）：44-46.
[2] 邱莉. 教师课堂情绪对教学效果影响的实验研究 [J]. 教育研究与实验，2014（1）：72-76.
[3] 张春荣. 意志：影响课堂教学的非智力因素 [J]. 青岛农业大学学报（社会科学版），2002，14（4）：71-74.
[4] 柴新，朱成科. 基于教师自主发展的"教师意志"研究 [J]. 教育理论与实践，2013（19）：32-35.
[5] 刘徐湘. 论教师的自由意志 [J]. 教育探索，2011（7）：16-18.

个性（也称为人格）品质反映的是个体心理和行为的独特性，是个人区别于他人行为的特征模型的动态组织。研究发现，诚信、真诚、可信和公正是教师应该具有的重要品质。① 在一项针对小学生的调查中发现，对于一年级的学生而言，教师的公平是"理想教师"的首要标准，并且被调查的教师也认为这是小学教师最重要的特征。调查结果还显示，小学教师应具备的第二位的个性品质是幽默感。② 研究者在针对人格倾向性的研究中发现，初中和小学教师的个性外倾性高于其他学段的教师，而且优秀教师的外倾性更为明显。③ 另有研究发现，小学教师的人格特征多属于平和-外向型，而且存在一定的性别差异，女教师比男教师更为外向，且自制力更强。④ 对中学教师的研究发现，宜人性与尽责性得分较高，而神经质得分低，这说明中学教师情绪稳定，责任感较强。同时，中学教师在尽责性上存在明显的年龄差异，46岁以上的教师尽责性水平高于年龄小于等于46岁的教师。⑤ 教师人格对工作生活的各个方面都有一定影响。李东斌和邝宏达使用16种人格因素测验对人格与自我效能感之间的关系进行了研究，结果发现，稳定、恃强、兴奋、自律、勇气、毅力品性与自我效能感呈正相关，而与怀疑、紧张和忧虑性呈负相关。⑥ 稳定性、自律性、忧虑性与恃强性对一般自我效能感起到较强预测作用。有研究发现，教师自我效能感对学生的学习态度、动机等起到积极的影响作用。有研究发现，高压力导致教师产生人格解体与情感耗竭的倾向，

---

① Destefano L, Shriner J G, Lloyd C A. Teacher decision making in participation of students with disabilities in large-scale assessment.[J]. Exceptional Children, 2001, 68（1）：7-22.
② Zacharova Z, Vernarcova J, Andreanska V, et al. Are we able to create new educational environment in the school environment suitable for all children?[C]// Else. 2015：199–205.
③ 韩向前. 我国中小学校教师人格特征研究 [J]. 心理学探新, 1989（3）：18-22.
④ 吴素梅. 小学教师人格特征现状研究 [J]. 中国健康心理学杂志, 2002, 10（5）：327-330.
⑤ 吴国来, 沃建中. 中学教师的人格特点研究 [J]. 心理与行为研究, 2006, 4（3）：184-187.
⑥ 李东斌, 邝宏达. 中学骨干教师人格特质、一般自我效能感及其关系 [J]. 心理学探新, 2010, 30（1）：63-67.

而且高压力与绩效呈现负相关[①]，教师人格与职业倦怠存在密切关系，人格的开放性、宜人性、外倾性等维度均与职业倦怠呈负相关。此外，职业倦怠与神经质呈显著正相关。[②] 开放性、宜人性和外倾性维度得分高的个体，一般来说具有较强的人际交往能力，在陷入职业倦怠时，往往通过从外界寻求帮助等方式减少职业倦怠的负性作用。教师的人格特征不仅会对教师本身带来影响，对学生学业成绩也对起到一定作用。教师的某些人格特征对于学生学业成绩的影响高于学生的非智力因素与成绩的相关性。[③] 因此，培养义务教育阶段教师具有良好的适应于其工作要求的个性品质，对于提高教育和教学效果十分重要。

有研究者认为，小学和初中教师应该具备以下5个方面的个性品质：①热爱小学教育事业；②热爱孩子；③以身作则；④团结协作；⑤（其他）个性心理品质，如活泼开朗、耐心细致、诚实正直、善良宽容、勇敢顽强等个性心理品质。[④]

[①] 孟慧，陈赞喆，李永鑫，等. 教师人格特质与压力和倦怠的关系 [J]. 心理科学，2009（4）：846-849.
[②] 钟妮，凌辉. 中小学教师人格特征、应对方式与职业倦怠的关系 [J]. 中国临床心理学杂志，2014，22（3）：525-529.
[③] 陈益，李伟. 小学教师人格特征和学生学业成绩的相关研究 [J]. 南京师大学报（社会科学版），2000（4）：76-81.
[④] 本科学历小学教师的培养模式与专业建设课题组. 新型小学教师素质结构探析 [J]. 教育发展研究，1999（10）：76-78.

第二章
义务教育阶段教师的能力素质

国际培训、绩效、教学标准委员会（International Board of Standards for Training Performance and Instruction，IBSTPI）制定的教师能力标准从专业基础、计划与准备、教学方法与策略、评估与评价、教学管理等5个方面具体描述了教师的专业发展能力。[①]

能力是人们所必备的保证活动顺利进行的心理特征，人们完成某项任务必须具备的基本素质。如果缺乏能力，即使个体再有信心，有毅力，有干好事业的强烈愿望，最后也不一定成功。虽说笨鸟可以先飞，但是，即使是"笨鸟"也必须具有"先飞"的基本素质，如果根本无能力飞翔，"先飞"也无法实现。因此，做好任何工作都需要具备一定的能力素质，教育与教学工作更是如此。教育与教学是一项非常复杂的智力活动（不排除其包含相当强度的体力劳动），就其劳动的对象性来说，教师面对的是活生生的、正在成长的个体；就其劳动目标来说，教师要培养德智体美全面发展的社会主义接班人和劳动者。作为"人类灵魂的工程师"，教师需要具备一系列重要的能力素质。

英国心理学家斯皮尔曼把人的能力划分为一般能力和特殊能力。一般能力是指人们完成任何任务都必须具备的能力，没有这些能力就无法完成一般性的任务。一般能力包括观察力、注意力、记忆能力、思维能力和想象能力。特殊能力是指完成特殊领域、具体领域的任务

---

① 黄白. IBSTPI教师能力标准与我国中小学教师专业标准研究[J]. 江苏教育研究，2008（11）：20-24.

必须具备的能力，例如绘画活动必需的色彩辨别能力、品酒师必须具备的味觉能力、音乐家必须具备的节奏感知能力、音高辨别能力、领导者的全局计划能力、驾驭属下的能力等。

能力素质是指一个职业领域要求的、在一般能力基础上发展起来的、具有较高水平的、能够顺利完成所在领域工作任务的能力品质。它既包含了一般能力，又包含了特殊能力，是人们在长期的职业训练过程中逐渐形成和积淀起来的能力品质。有研究者认为，教师能力是教师在教育教学活动中表现出来的、直接或间接影响教育教学活动质量和完成情况的个性心理特征。教师能力对于完成教育教学任务、实现教育教学目标、全面提高教育教学质量、促进学生的全面发展具有十分重要的作用。①学术界对教师的能力素质的研究涉及教师（各级各类教师）胜任力的研究，学科能力（数学、语文、信息科学、体育等）的研究。

有研究者把教师能力划分为三种：一般能力（包括一般认识能力和一般实践能力）、教育能力（包括教学能力和育人能力）和拓展能力（包括教育科研能力、创新能力、反思能力、合作能力和终身学习能力）。①当然，这种划分方法也只是一家之言。

第一节 义务教育阶段教师的能力素质

一、义务教育阶段教师必备的能力素质

能力是保证人们顺利完成活动任务所必备的心理特征。因此，

---

① 王丽珍，林海，马存根，等. 近三十年我国教师能力的研究状况与趋势分析 [J]. 教育理论与实践，2012（10）：38-42.

我们把教师能力定义为教师为完成教育教学任务而必备的心理特征，包括基础能力（由观察能力、记忆能力、思维能力、想象能力、记忆能力、注意能力、审美能力、口语表达能力、体语表达能力、书写能力等组成）、教育能力（指教师根据教育方针、教育目标按照教育规律，正确运用奖励和惩罚手段，对学生进行良好品德教育和人格培养的过程，比如让学生形成正确的人生观、价值观和世界观等）、班级管理能力（带领和指导班级完成教育和教学任务的能力。比如，创设教育教学环境、形成良好班风、形成团结向上的班级氛围、组织学生进行积极有益的集体活动等）、教学能力（按照教学大纲，运用合适的教学手段有效地向学生传授知识、培养品德、发展技能、塑造良好人格的能力）、自我完善和自我发展的能力（学习能力、教学研究能力、教育教学创新能力、恰当处理人际关系的能力等）。

二、教师能力与教师胜任力、教学效能感

对于教师能力问题，学者所用的概念较复杂。比如，有研究者把教师的能力定义为，教师在从事教育教学实践活动中形成的带有职业特点的能动力量。[①]遗憾的是作者没有告诉我们什么是"能动力量"。

有的学者研究了教师的胜任力。胜任力是指能将在某一工作中卓越成就者与普通者区分开来的个人的深层次特征，它可以是动机、特质、自我形象、态度或价值观、某领域知识、认知或行为技能等任何可以被可靠测量或计数的并且能显著区分优秀与一般绩效的个体特征。可以看出，胜任力不能与能力画等号。胜任力强调的不仅包括我们所称的能力，而且包括一些人格特征、态度动机等成分。

有的学者研究了教学效能感。效能感是指人们对自己进行某一

---

① 王艳霞. 当代中小学教师能力的缺失与培养[D]. 华东师范大学硕士学位论文，2001.

活动能力的主观判断，效能感的高低往往会影响一个人的认知和行为。①② 教师在进行教学活动时也有一定的教学效能感。所谓教师的教学效能感，是指教师对自己影响学生学习行为和学习成绩的能力的主观判断。这种判断会影响教师对学生的期待、对学生的指导等行为，从而影响教师的工作效率。教学效能感分为一般教育效能感和个人教育效能感。一般教育效能感指教师对于教育在学生发展中的作用等问题的一般看法和判断，即教师是否相信教育能够克服社会、家庭以及学生本身素质对学生的消极影响，有效地促进学生的发展；个人教学效能感指教师对于自己影响学生的学习活动和学习结果的能力的主观判断或信心。③~⑤

教师胜任力概念强调的是能力、人格、态度、价值和知识技能，包含的意义广泛；教学效能感强调的是教师对自己从事教育教学工作能力的判断和信心。这些概念与能力的概念既有密切联系，又有很大的区别。

第二节 义务教育阶段教师的观察力

一、义务教育阶段教师观察力的本质与意义

观察力是一种重要的一般能力。观察本质上是一种知觉活动，

---

① 俞国良，辛涛，申继亮. 教师教学效能感：结构与影响因素的研究 [J]. 心理学报，1995，27（2）：159-166.
② 俞国良，罗晓路. 教师教学效能感及其相关因素研究 [J]. 北京师范大学学报：社会科学版，2000（1）：72-79.
③ 俞国良. 专家—新手型教师教学效能感和教学行为的研究 [J]. 心理学探新，1999（2）：32-39.
④ 辛涛. 论教师的教学效能感 [J]. 应用心理学，1996（2）：42-48.
⑤ 吴国来，白学军，沈德立. 中学教师教学效能感影响因素的研究 [J]. 天津师范大学学报（基础教育版），2003，4（4）：16-20.

是人们对周围事物有目的、有计划、有准备、系统性的知觉活动。观察力即人们感知周围事物的能力。教师的观察力是指教师对周围事物的认识能力，主要是对教育对象（学生）由外表到内心的认识能力。教师只有具备相应的观察力，才能把握学生的个性特点，掌握教育教学工作的主动权。

二、教育活动中对教师观察能力的要求

教师的劳动对象以及劳动的性质决定了教师的观察能力必须具备如下特征。

（一）及时和准确

少年儿童正处于生长发育阶段，其兴趣、情绪、心理常处于波动状态中。特别是在课堂上，学生的情绪、表情常常呈多变状态。如果学生对老师所讲的内容能够心领神会，眼睛里就会充满智慧的光芒，流露出兴奋、喜悦的表情。如果学生对老师所讲的内容不明白、不理解，就会眉头紧皱，表现出压抑、疑惑的情绪，有的还会开小差，做小动作，甚至说话、打闹。如果老师在课堂上能够及时地采取应对措施，或适当调整教学内容，或稍作教学停顿，就能够改变课堂气氛，及时把学生的注意力、思维引向教学的中心。如果对来自学生方面的反馈信息迟迟不能觉察并作出反应，那么课堂教学就不能很好地进行，也难以完成教学任务。

看得准是老师观察的核心和采取正确措施的前提。要做到观察准确，教师必须把感官知觉和思维结合起来。这是因为感官接触的常常是事物的表层，只有通过思维，才能触及事物的本质。所以有的心理学家把观察称为"思维的知觉"。教师要做到观察准确，就应该具

有一定的观察基础,要对学生的性格特点、学习情况以及学生所处的学习环境等有一定的了解。在此基础上,教师才能对学生在课堂上的细微表情、动作及语言的变化进行合理分析、准确判断,并做出恰当的处理,取得较理想的教学效果。否则教师一旦判断错误,措施就会不当,教学效果就不理想。

(二)细致而深入

细致观察就是教师要能观察到学生语言、行为、服饰、态度等细微变化。比如有的女同学本来学习勤奋、衣着朴素,但一段时间内逐渐变得非常注意自己的发型、衣着,上课有"走神"现象,喜欢交外班及外校的朋友,这往往是其内心活动发生了变化。如果教师尤其是班主任老师及时注意到这些细微的变化,及早做工作,就能防患于未然。反之,教师对学生的变化视而不见,任其发展,等问题严重了,教师再去扭转,怕为时已晚。所以教师一定要细致地观察问题。

青少年学生心理稳定性较差,情绪波动大,有时教师仅凭一地一时的观察,很难真正地了解一个学生。观察除了细致以外,还需要深入。首先,教师应注意多场合对学生进行观察。教师的观察可在课堂上,也可在课余时间;可在群体活动中,也可在个体活动中。观察的场合越多,获得的信息也就越全面。其次,教师要对学生进行较长时间的反复观察。学生正处在变化成长过程中,教师应以发展的眼光观察学生。没有较长时间的反复观察,教师就难以把握一个学生的真实面貌和发展的趋势,更谈不上正确的培养和引导[①]。

---

① 刘强厚,阮翠莲. 教师的观察能力及其培养[J]. 教育艺术,2004(1):29-31.

第三节 义务教育阶段教师的思维能力

恩格斯在《自然辩证法》中写道：思维者的精神是"地球上的最美的花朵"。思维是亿万年生物进化的最闪亮的结晶，是人类智慧的最耀眼的光芒，是人类社会和生产力发展的最强大的动力。思维是智慧的核心组成部分，思维能力的水平基本上体现了智慧的水平。

一、良好的思维品质是义务教育阶段教师必备素质

思维主导着人的行为，教师思维能力水平的高低不但影响自身专业能力的发展，而且影响学生思维能力的发展。因此，研究教师的思维能力和着力提升教师的思维能力具有重要的意义。

（一）思维的品质

思维的品质是指评价一个人思维活动质量的维度，儿童期和少年期是人生智慧的快速发展时期，作为智力核心内容的思维能力在这个时期的发展非常关键。因此，中小学教师必须对儿童和少年思维的发展规律有深刻的理解，同时必须注重自身思维能力的训练和提高，以自身高素质的思维品质影响和带动儿童和少年的思维发展。

思维品质也称智慧品质，指思维能力的特点及其表现。人们在思维活动过程中表现出不同方面的特点及其差异，就构成其思维品质。思维的主要品质有思维的逻辑性、思维的广阔性、思维的深刻性、思维的独立性、思维的灵活性、思维的敏捷性、思维的批判性、思维的确定性、思维的创造性和思维的预见性。

我们这里讲的思维能力主要是指抽象思维能力，包括分析能力、综合能力、归纳能力、演绎能力、抽象能力、概括能力、比较能力和判断能力等。

（二）思维品质的维度

抽象思维的品质主要指思维的广阔性、深刻性、概括性、灵活性、敏捷性、逻辑性、独立性和创造性。

思维的广阔性：主要表现为个体在思维上能够把握问题的方方面面，能够打破很多限制，从宽度和广度上实现突破；能够把握大势、审视全局、着眼发展看问题；能够多途径、多侧面、多时空、多角度审视问题，解决问题。这类似于发散性思维。我们知道，发散性思维是指个体能够从已知信息出发，寻找问题的多种答案。

思维的深刻性：是指个体能透过现象看到本质，能够入木三分、一针见血。拨开纷繁复杂的表象，抓住事物的本质和要害，找准重点和方向性的发展趋势，这些都是思维深刻性的表现。思维的深刻性还表现在认识中的预见性，指个体不仅能正确地认识对象的现在，而且能够运用对象运动规律预测对象的未来。

思维的概括性：是指通过思考发现千差万别的事物之间的共同性。抓住事物的本质是形成概念的基础，因此，概括性是抽象思维的天然品质，没有概括性，就没有抽象思维。

思维的灵活性：也称思维的变通性、变化性。个体在解决问题时，需要随着问题的进展，灵活地改变思路，找到新的、适用的解决问题的方法。僵化、保守、故步自封，按照旧经验、老套路去解决新问题，都是思维灵活性欠缺的表现。

思维的敏捷性：是思维活动在保证思路正确的前提下高效率地解决问题，一句话就是效率高。其表现为在理解问题、思考问题、提出方案、解决问题、表达想法等过程中,个体能够快速地抓住问题的本质,迅捷地找到解决问题的方案。

思维的逻辑性:表现在思维过程的逻辑思路清晰,个体能够按照逻辑规则进行推理和判断。逻辑性是思维的广阔性、深刻性、灵活性、敏捷性、独立性、创造性的价值存在的基础与前提。

思维的独立性:主要表现为在思考和解决问题的过程中,个体善于从掌握的信息出发,做出独立判断、独立决策,不受环境和他人的明示、暗示的影响。独立思考不仅是一种重要的思维品质而且也是一种重要的人格特质。思维的独立性和批判性密不可分,思维的独立性越强,思维的批判性也就越深刻。批判、怀疑、质疑是思维独立性的重要表现。思维的独立性还与思维的创造性密切联系,创造性的思维以独立性为前提,创造性的思维是独立性的思维。

思维的创造性:新颖独特,不墨守成规,创造出新的思维成果,是思维创造性的集中体现。思维的创造性水平依赖于文化特质。在鼓励创新、赞赏创新的文化背景下成长的个体,其思维的创造性水平就高一些。环境,特别是文化背景对创造性的形成和表达具有深远的意义。环境能够激发和支持创造性,同时创造性也是在特定环境中被定义和被测量的。不同文化对创造性的内涵与过程的理解不同。[①]文化影响个体进行创新的动机。经常鼓励个体的创新,特别是儿童和青少年经常被鼓励创新性思维,那么这些孩子会逐渐形成敢于创新、乐于创新的内在动机。相反,打击、阻挠、讽刺挖苦具有创新冲动的儿童和青少年,会泯灭其创新的火花和创新的意愿。思维的创造性与个体在成长过程中逐步形成的思维方式、思维习惯也有密切联系。

---

① 王金娥,刘金平. 理解创造性:一种文化视野[J]. 河南大学学报(社会科学版),2007,47(1):55-58.

二、义务教育阶段教师思维能力的相关研究

早在 20 世纪 90 年代有研究者就提出来研究教师思维的问题，并在《教师思维学》中提出了构建教师思维学的目的、意义、原则和方法，阐明了"教师思维学"的对象和任务，分析了教师思维的特征、形式、规律、方法、模式和个性，还介绍了教师思维训练的意义、内容和途径。[①] 另有研究者分析了教师思维方式、类型、方法、程序、品质和效率等问题。[②] 这些研究基本属于理论研究，其实证研究还有待加强。

（一）教师思维的内涵

这里讲的教师思维主要是指教师的与教育教学活动有关的思维活动。教师思维具有人类的一般思维的共性，同时又因教师职业的特殊性而具有教育教学情境下思维的特性，这两种思维能力不是彼此独立的，而是相互影响和交织在一起的。[③~⑥]

有研究者将教师思维划分为基本的思维能力（抽象思维能力、形象思维能力和直觉思维能力）、专门的思维教学能力（启发思维能力、训练思维能力和测评思维能力）和思维调控能力（思维吸收、思维互补和思维监控能力）三种思维能力。[⑦] 但也有研究者将教师的思维分为主体和客体两个方面。教师思维的客体是指教师的教育和教学

---

① 萧新发.教师思维学[M].武汉：武汉大学出版社，1990.
② 钱玉干.教师思维论[M].哈尔滨：黑龙江科学技术出版社，1994.
③ 徐飞，李佳.国内教师思维研究述评及对外语教师思维研究的启示[J].外国语文，2017，33（3）：136-142.
④ 朱晓民，张德斌.近二十年来教师知识结构研究述评[J].山西师大学报（社会科学版），2006，33（2）：136-140.
⑤ 冯蓉，程东亚.公共教育视野中的教师思维转向[J].中国教育学刊，2015（2）：91-95.
⑥ 张学民，林崇德，申继亮.国外教师认知能力发展研究述评[J].比较教育研究，2004，25（5）：1-6.
⑦ 喻梦林.对教师思维能力结构的探讨[J].现代中小学教育，1990（5）：30-34.

活动中涉及的一切问题。教师思维主体具有特定的思维要素和思维结构。教师的思维要素包括大脑、思维目的、思维形式、思维方式、思维方法、思维观念、知识结构和语言等。①

（二）义务教育阶段教师思维的现状

有学者研究了中小学不同学科教师思维的现状。研究者用问卷法探讨了新疆地区中学（作者没有交代是否包括初中和高中）语文教师的思维素质，结果显示，新疆中学语文教师思维在多向性、灵活性、敏捷性、开放性方面较好，而在独立性、辩证性、深刻性方面存在一定的不足。②

有研究者调查了中学语文教师思维创新情况，结果显示，中学语文教师的思维创新水平较低。作者分析了其思维创新水平较低的原因认为，外在原因有官本位、从众心理、急功近利、求同化、职业倦怠等；内在原因有语文教师对思维创新认识不足、语文教师自身素质限制思维、语文教师阅读的匮乏、视野的狭隘局限思维。作者最后提出了培养中学教师创新思维的策略：第一，语文教师激发自身活力，积极思考语文教育，比如，语文教师换位思考语文，开发思维；学会阅读，开阔思维；学校为教师提供学习成长的平台，促进教师思维发展；语文教师进行职业规划，激发自身思维活力；对于社会流行理论进行理性思考。第二，中学语文教师进行思维创新的积极探索。比如，要培养中学语文教师的批判性反思能力；倡导教师要对教材进行

---

① 钱玉干．教师思维论[M]．哈尔滨：黑龙江科学技术出版社，1994．
② 程新屏．新疆中学语文教师思维素质调查、分析、定标与对策[J]．新疆师范大学学报（哲学社会科学版），2002，23（2）：88-94．

深入思考等。作者还提出了中学语文教师增进思维创新的方法。①~③有研究者探讨了优秀教师的思维特征,这为开展教师思维培训提供了有价值的借鉴。④研究者以2位小学数学特级教师为对象,对专家型教师的思维特质进行质性研究,发现专家型教师思维内容的特质是其善于追问教育的基本问题和学科教学的基本问题;思维方式的特质是质疑、批判、超越自我,专注而执着地研究一个问题。纯粹的兴趣所带来的激情和自我实现的成功感,是专家型教师思维特质形成的内在动力。⑤⑥说到底,要想成为思维品质很优秀的中小学教师,教师必须打心底热爱教育事业,热爱学生,具有做优秀教师的强烈责任感和使命感,将身心系于教育,把教学工作融入生命里。

有研究者测试了农村初中数学教师的数学思维水平,结果显示,农村初中数学教师的数学思维的严谨性、逻辑性水平较低,正确率只有43.4%。作者认为,初中学生的数学思维已经发展到形式运算阶段,其特点为思维能力发展迅速,特别是抽象逻辑思维已占主导地位。虽然这时的抽象逻辑思维还属于经验型的,离不开具体的事物,但是随着初中学生神经系统的逐渐成熟,经验型的逻辑思维开始向理论型的抽象逻辑思维转化。因此,初中阶段数学思维的培养特别关键,它要求教师具有优良的数学思维品质和数学思维能力。数学思维品质是数学思维在发生和发展的过程中所表现出来的个性差异,具体包括思维的严谨性、深刻性、灵活性、敏捷性、批判性、广阔性、独创性等。其中,严谨性是其他思维品质的基础,离开了严谨性,其他思维品质都无从谈起。思维的严谨性强调思考问题要符合逻辑,严密精确,数

---

① 田建江. 中学语文教师思维创新研究概论 [D]. 陕西师范大学硕士学位论文,2012.
② 姚国平. 论历史教师思维能力的发展路径 [J]. 历史教学,2012(6):61-64.
③ 王晓云. 例谈材料作文审题的思维步骤 [J]. 文学教育(上),2014(7):78-79.
④ 赖学军. 重构聚变:优秀教师的创造思维能力 [J]. 高等工程教育研究,2010(4):109-113.
⑤ 刘加霞. 专家型教师思维特质研究:基于华应龙深度教学思考的分析 [J]. 中小学管理,2012(5):8-12.
⑥ 陈向明. 从师生关系看教育的本质 [J]. 教育学术月刊,2014(11):82-85.

学运算准确无误。在此基础上，数学思维的深刻性才能派生出来，即善于深入思考问题，把握研究对象的本质和规律。思维严谨性的基础条件是熟练掌握有关数学的知识，对数学概念、定理理解准确，对数学符号公式能够正确运用等。它要求人们理解概念中每一个字的确切含义，掌握定理、公式的实质，将普通语言表述的命题转化为数学语言表述的命题，并能举一反三，运用自如。作者认为，要提高农村初中数学教师思维严谨性，就要引导教师深入钻研教材，深入研究数学概念的形成和演化过程，以达到对概念的深刻理解。①

该研究的结果还显示，农村初中数学教师的思维灵活性、敏捷性、广阔性水平都是不能令人满意的。我们知道，数学思维的灵活性要求人们不受思维定式的影响，善于从旧的模式或制约中解脱出来，及时转向，找到解决问题的途径。思维的敏捷性则注重思维活动的速度和效率。思维的广阔性要求解决问题能多方面、多角度地考虑，即通常所说的"一题多解"。思维的广阔性与思维的灵活性互为条件，思维的广阔性为思维的灵活性的发展提供余地，思维的灵活性又为思维的广阔性的延伸创造了机会。思维的批判性是在思维深刻性的基础上发展起来的，是对已有数学知识的表述、论证，能提出自己的见解，能独立思考，不轻信、不盲从的一种优秀的思维品质。对于初中教师来说，善于发现教材中的不足和自己以前的认识缺陷，并能加以修正和完善，就体现其具有良好的思维批判性。

数学思维能力是个体在一定的数学思维品质上形成的分析问题和解决问题的能力，具体可分为3个方面：数学抽象思维能力、数学集中思维能力和数学发散思维能力。

数学的特点之一是高度的抽象性。数学的抽象思维能力是理解、

---

① 陶理. 农村初中教师数学思维品质及能力的优化 [J]. 现代中小学教育，1998（2）：46-47.

掌握和运用数学抽象概念和原理的能力。个体要发展这种能力，必须注意摆脱直观经验的局限性。而初中低年级学生的数学思维能力恰好处于形式运算阶段，离不开所感知的客观事物的支持，这就需要教师进行正确的引导，使之逐步从经验型上升为理论型。这种需求同时也对初中数学教师的抽象思维能力提出较高的需求。

数学集中思维是指人们根据已有信息，按照严格的形式化的逻辑步骤求解问题的思维过程。其特点是目标集中，操作性强，有可能得到少数的（很多时候是唯一的）正确答案。数学的集中思维能力表现为理解、掌握和运用形式逻辑思维的能力，它要求逻辑推演准确、简洁。这种思维能力既有逻辑上的要求，又有美学上的要求。调查发现，有些农村初中数学教师的逻辑基础知识很差，如对取命题的否命题及逆否命题的推断正确率仅为19.0%，这说明其运用形式逻辑进行推理的能力还有待提高。①

具体的数学问题往往有许多条件，许多解题线索，许多可利用的数量关系和已知规律。要在众多的条件、线索、关系和规律中尽快地理出头绪，找到切实可行的、逻辑严谨的解题思路，就需要数学的集中思维能力，所以经常进行习题训练有助于初中数学教师这方面能力的提高。

发散思维是指人们通过多种思路，找到解决问题的多种方法或者多个答案。它是一种思路开放的思维活动，是创造性思维活动的主要成分。其特点是思维目标分散，无确定的活动程序和规则，可能获得多种有效的、正确的答案。在发散思维过程中，个体充分运用自己的想象能力、直觉能力"猜测"问题的答案，试图找到更多的、新奇的、不一般的答案。

---

① 陶理. 农村初中教师数学思维品质及能力的优化 [J]. 现代中小学教育，1998（2）：46-47.

这些研究对于了解义务教育阶段教师的思维现状有一定帮助，但是这些研究大多运用定性研究方法，有些定量的研究也主要用的是问卷调查，而且样本容量偏小，代表性有待提高。

第四节　义务教育阶段教师的教育机智

一、教育机智

"机智"本义是指个人思维灵活、反应迅速，遇到问题能够随机应变，这是一种重要的决策和判断能力，也是一种快速处理问题的能力，是一个人思维敏捷性的突出体现。突发事件最能显示个体的灵活处理问题的能力，机智的人在此时能够快速地、灵活地应对，巧妙地处理，避免事态进一步扩展，以及出现大的失误或者不良后果。"教育机智"是教育工作者在处理教育教学问题时表现出的智慧。教育机智是教师在长期的教育教学实践中培养起来的，是对教育理论、教育经验的总结和灵活应用，具有娴熟的教育机智是一个成熟教师的重要体现。同时，它也是教师观察的敏锐性、思维的灵活性、意志的果断性、教育的技巧性等几方面心理特征的独特结合。[1]教师在课堂教学中，面对千变万化的教学情景，要具有迅速、敏捷、灵活、准确地做出判断和处理，以保持课堂平衡的能力，这就是教育机智。它本质上是一种临场发挥的"机智"。

有些重要的教育理论家对教育机智问题有精辟论述。范梅南在《教学机智：教育智慧的意蕴》一书中指出，教师的专业发展需要教

---

[1] 安冉. 范梅南的教育机智初探. 学周刊，2015（12）：20-20.

学反思或反思性实践，但也需要机智性的行动。①范梅南认为，机智是一种教学上的天赋和机智，它使教育者有可能将一个没有成效的，没有希望的甚至有危害的情境转换成一个从教育意义上说积极的事件。②在范梅南看来，与一个在医疗情境中边行动边反思的医生不同，教育时机要求的行动既是充满智慧的，又是未加思索的。换句话说，父母或教师与孩子的教育互动不是以行动中的反思为标志，而是以一种充满智慧的机智行动为特征。机智行动是充满智慧的，因为教育者对情境所要求的和什么样的行动才是好的这两方面表现出了恰当的敏感性。同时，机智行动又是"未加思索"的，因为个体不可能退出来，在行动中反思。机智行动是一个"瞬间反思的行动"，它不可能是充分的反思。他认为，假如我们的行动总是需要瞬间地、批判性地、理智性地反思的话，生活很可能就会变得没法生活了。教师和学生都需要遵守符合教育学原则的常规、惯例和习惯。也就是说，常规、惯例和习惯也是可以充满智慧的，而不一定时时处处都要教师批判性地反思。②

1802年，德国教育家赫尔巴特在一次演讲中较早论述了教育机智问题。他说："关于你究竟是一名优秀的教育者还是拙劣的教育者的这个问题非常简单：你是否发展了一种机智感。"俄国教育家乌申斯基也说过："不论教育者怎样地研究教育理论，如果他没有教育机智，他不可能成为一个优秀的教育实践者"。②

二、如何实现教育机智

范梅南给我们举出了该如何做的具体事例。他也认为，通过实

---

① 周龙影，欧阳华. 范梅南的教育机智思想对教师专业发展的启发. 高校教育管理，2005，27（4）：22-25.
② 转引自安冉. 范梅南的教育机智初探. 学周刊，2015（12）：20.

施某种认知的敏感性和实践一种对学生的主动关心,教育机智实现他的目的。①

一方面,教育机智依赖教师的能力来感知学生的需求和他们的各种潜力。这就是说,教师要运用多种视角和思考方法来试图获得对学生的教育理解,以一种关心和接受的方式去发现学生的潜力。教师不仅能够看到学生的外部表现,而且能够感知他们的内心生活和个人意图与行动。

另一方面,教师应运用眼神、言语、沉默、动作等机智地干预和关心他人的工作。机智通过语言来调和,即创造一种积极的言语气氛;通过沉默来调和,即创造一种此时无声胜有声的意境;通过眼睛加以调和,即建立一种信任的关系;通过动作加以调和,即拉近人际距离;此外,还可以通过气氛和榜样加以调和;不同的情境、不同的教育对象需要教师选择适合的机智的方法,有可能是几种方法的综合运用。①

教育机智是教师对课堂或其他教学教育情景中突发的事件进行快速、恰当处理的能力。突发事件是指班级日常生活中突然发生的不良事件或矛盾冲突,如学生之间打架、意外受伤、课堂纠纷、师生冲突等。这类事件一旦发生,往往给全班学生带来一定的震动,使学生的注意力马上聚焦于事件的发展,会对多数人的思想产生冲击,带来一些负面影响,其冲击性较大。②突发事件只是课堂教学的一个小插曲,教育机智是教师对付这些小插曲的灵感闪现,它体现了教师一时的教学智慧。教育机智的主要作用在于对课堂教学秩序的调控和对教师良好形象的维护。因为教学具有动态生成的特点,教师必须具备"在看似普通的事件中捕捉教育契机以及将看似不重要的事情转换成

---

① 安冉.范梅南的教育机智初探.学周刊,2015(12):20.
② 曲秀霞.用教育机智处理突发事件.学周刊,2011(32):6-7.

具有教育意义的事情"的能力。教学过程既有程序性，也有开放性。这种开放性就决定了教师在教学工作中需要"即席创作""临时编台词"。这也体现了教学既是科学也是艺术的特性。从本质上讲，教育机智是教师教育理念的生动体现，折射出教师的教育观，如课程观、师生观、教学观等。①

---

① 周龙影，欧阳华. 范梅南的教育机智思想对教师专业发展的启发. 高校教育管理，2005，27（4）：22-25.

第三章
义务教育阶段教师的情感素质

教育家第斯多惠认为，教学的艺术不在于传递本领，而在于激励、唤醒与鼓舞。而没有兴奋的情绪怎么能激励人？没有主动性怎么能唤醒沉睡的人？没有生气勃勃的精神怎么能鼓舞人呢？在教育和教学过程中，教师应充满激情和爱心，富有感染力，时时展现出对事业的热爱，对学生的关怀，对知识的信仰和对真理的追求。教师每次深思熟虑的行为都是情感介入和道德评判的结果。重视和开发教师的情感资源，有益于提高教师素质，提升教育质量，深化教育改革。[①]

知识与技能目标，过程与方法目标，情感、态度、价值观目标是素质教育的三大目标。可见，培养中小学生的良好情感品质是中小学教育的重要任务。积极乐观的情绪和情感是优秀的人格品质，也是一个人幸福感的主要来源。培养学生热爱国家、热爱集体、敬重师长、热爱学习、关心爱护父母等情感品质，是中小学教育的重要内容。作为培养者的教师必须自身具有良好的情感品质。但是，以往的教育研究对教师情感素质研究不够。近年来，教育中的情感议题受到了日益广泛的关注，越来越多的研究者以不同的理论视角和研究方法对其开展了探究，以"教师情感"（teacher emotion）为主题的国内外文献不断增加。

---

① 邵光华，纪雪聪. 国外教师情感研究与启示[J]. 教师教育研究，2015，27（5）：107-112.

第一节 教育和教学是一种情感的实践

一、情感及其对教育工作的意义

（一）情感的内涵

情感是在后天的教育过程中培养起来的人们对人、事、物的态度体验，它体现了人们对客观事物的认识、态度和价值评价。其实，情感可以被定义为一个囊括人的感情状态、情绪、心境、效价体验等内容的泛指概念。比如，爱心、责任感等都是人们的情感。情感是个人的内部体验和心理历程，通常伴随着一定的身体运动表征，映射出一个人的"整体精神面貌"。情感是人们精神生活的重要组成部分，对人们的行为动机、行为方式和行为取向有重要影响。情感是哲学、心理学、社会学、人类学和生物医学等多种学科的研究课题。20世纪80年代以来，研究者开始探索情感在教育教学中的重要价值。有研究者认为，英国《剑桥教育学报》于1996年推出的教师情感专刊标志着教育领域的情感研究正式诞生。[①]

（二）教师情感的内涵

"教师情感"是指教师在教育教学过程中形成和表现出来的，与教师职业密切联系的，深刻的、稳定的主观体验以及相应的行为表现。它既可以概念化为一种状态，也可以被视为一个动态过程；它既是教师个人对教育教学工作的内心体验，也是文化、社会、政治关系的产

---

① 胡亚琳，王蔷. 教师情感研究综述：概念、理论视角与研究主题 [J]. 外语界，2014（1）：40-48.

物。教学是承载着情感的实践，而且情感位于教学的核心。教师作为教学工作的实践者，在职场中的情感体验与情感实践终将关系到教育质量及学校改进等诸多方面，因此，研究教师情感具有重要的意义。

二、教师情感研究的理论视角

中国学术界对教师情感的研究已有 30 多年的历史。20 世纪 80 年代到 90 年代初，国内研究者主要探讨了教师的压力、倦怠等情感等问题。[1][2] 这一时期的相关研究没有从教育理论的高度阐释情感特别是教师情感的重要意义，许多研究者仅仅把情感作为个体的一种心理现象来孤立地进行研究，没有把教师情感作为教师的必备修养加以研究，更没有深入探讨教师情感作为重要的教育因素对学生情感特别是对学生人格发展有什么影响。随着对教师情感研究的深入，20 世纪 90 年代中期至 21 世纪初，研究者逐渐提高了对教师情感意义的认识。他们认为，教师情感是社会文化的产物，在学校和课堂环境下的社会互动中构建而成，具有社会属性、情境属性和文化属性。这些观点主要受到了社会建构主义的影响，强调人的情感受到社会规范、文化习俗和人际互动中语言实践的共同作用，衍生出特定的"情感规则"（feeling rules），进而影响情感的形成与表达。这里讲的"情感规则"是由社会学家霍克希尔德（Hochschild）提出的概念，与"情感劳动"（emotional labor）、"表层行为"（surface acting）、"深层行为"（deep acting）组成现代社会学中"情感"研究的概念框架，并在教师情感研究领域得到了广泛应用。这一时期学者对教师情感的研究，主要是"把教师放置在社会互动的世界中理解其情绪表现"[3]。

---

[1] 林成堂. 教师的感情表演规则研究 [D]. 华东师范大学博士学位论文，2011.
[2] 尹弘飚. 教师情绪研究：发展脉络与概念框架 [J]. 全球教育展望，2008，37（4）：77-82.
[3] 尹弘飚. 教师情绪：课程改革中亟待正视的一个议题 [J]. 教育发展研究，2007（6）：44-48.

近年来，教师情感研究受到了女性主义和后结构主义的观点或互动论的理念的影响。这些研究视角的共同点在于，不再将情感局限于单一的个体心理现象或社会文化产物取向，而是尝试跨越二者之间的界限，强调教师情感在个人层面、人际层面以及其他元素之间的互动关系。把情感作为社会文化产物的观点仅揭示了情感从社会到个体的单向作用，忽视了教师情感的能动性，而事实上情感并不只是对事件或外界刺激的简单反应。正如现象学所认同的，情感既包括个体对世界的理解，也蕴含了个体对外部世界的改造。

第二节 教师情感实证研究

在中国心理学理论中，情感和情绪是有区别的。一般来说，情感是具有社会性的、稳定的、深刻的内在体验；情绪是具有情境性的、变化的、具有明显外部表现的内在体验。比如爱国主义情感、集体主义情感、荣誉感、羞耻感等，属于情感的范畴；快乐、愤怒、焦急、苦闷、忧伤等，属于情绪的范畴。情感和情绪也有密切的联系，情感往往以生动的、具体的情绪来表达；情绪往往受到情感的制约和引导。但是，这种分类在西方心理学中似乎不明显，甚至很多西方心理学文献干脆把二者合二为一，统称为情绪。因此，我们为了叙述的方便，这里把二者统称为情感。

一、教师情感研究的主要课题

有研究者以"情感"（emotion）合并"教师"（teacher）为关键词，

搜索了 1995—2014 年科学引文索引数据库（Web of Science, WOS），共获得与"教师情感"有关的学术论文 242 篇。[①]通过梳理总体来看，教师情感研究的文献总量不多，而且到了近期文献量才有显著的增加；发文较多的是美国学者。1995—2014 年，国际教师情感研究包括 16 个主题，按频次从高到低排序为职业倦怠、压力、学生、情感、感知、中小学校、工作、行为、教育、成就、课堂、身份、情感智力、教师、效果和自我效能感。这些热点主题呈现出五个特点：第一，热点主题范围广，涉及教师职业倦怠、教师压力、自我效能感等多种情感体验。但是，积极情感和消极情感表现的情景和对象有清晰的界限。比如，研究发现，教师对同事和组织表现出更多负面情感，对学生的情感则大多积极、温暖。第二，教师情感与教师身份、教师情感智力紧密相关。比如，有调查发现，中小学教师的情感智力对教师自我效能感具有预测作用。第三，教师情感研究主要以中小学教师为研究对象。第四，教师情感主要产生于课堂中，因学生行为而起，并对学生成就产生影响。有研究发现，美国教波斯语的教师与学生形成了"情感同盟"（affective alignment），学生积极参与到教师情感实践的协商中。第五，教师情感体验主要通过采用叙事方式进行研究。但也有用问卷法、访谈法和其他方法的研究。

二、关于中小学教师情感的实证研究

（一）对某种情感（情绪）的研究

在有关教师情感的研究中，有些是针对某种特定情感的研究，就是说研究的主题和具体。例如，有研究者探索了教师的"生气"与

[①] 古海波，顾佩娅. 国际教师情感研究进展的可视化分析及其启示[J]. 外语电化教学，2015（3）：50-56.

"灰心"。研究者访谈了 30 名中小学教师并分析其相关情感日记后发现,"生气"是多数教师最常体验到的情感,"生气"和"灰心"对教师的课堂行为和计划具有强烈且持续的消极影响。另有研究者运用访谈法,收集了 49 名美国女教师有关"愤怒"的情感体验描述,发现她们对教师职业角色的期望和自身道德目标常受到工作背景与学校固有权力结构的严重威胁,因而感到愤怒、痛苦。此外,研究者在教师描述中发现了"一组"消极情感,如失望、沮丧、羞愧等,这些情感通常同时发生而难以剥离。

近些年来,教师情感研究的另一重要课题是教师的"职业倦怠",即教师"因不能适应长期的工作压力、紧张情绪、人际关系压力等而产生的一系列情绪衰竭症状和身心疲倦状态"。[1][2]有研究指出,教师已成为职业倦怠的高发人群,"倦怠"甚至是现代教师的总体生存状态。[3]

关于教师职业倦怠的实证研究多采用量化研究方法。[4]~[11]例如,赵玉芳和毕重增利用《马斯拉奇职业倦怠量表》(Maslach Burnout Inventory,MBI)对 230 名中学教师展开了调查,得出职业倦怠最严重的是教龄 6~10 年的教师,其中职称是重要影响因素[12]。赵娜和

---

[1] 程晓堂. 英语教师职业倦怠情况调查 [J]. 外语艺术教育研究,2006(4):47-52.
[2] 李江霞. 国外教师职业倦怠理论对我国的启示 [J]. 教育科学,2003,19(1):62-64.
[3] 张培. 古代教师自在自为生存状态透析 [J]. 湖南师范大学教育科学学报,2009,8(1):20-25.
[4] 吴珍珠. 教师职业倦怠感现状调研 [J]. 心理学进展,2015(10):555-560.
[5] Zhao Y. Job burnout and the factors related to it among middle school teachers[J]. Psychological Development & Education,2003.
[6] 沈翰. 教师职业倦怠 [D]. 湖南师范大学硕士学位论文,2005.
[7] 王国香,刘长江,伍新春. 教师职业倦怠量表的修编 [J]. 心理发展与教育,2003,V19(3):82-86.
[8] 刘晓明,邵海燕. 中小学教师职业倦怠状况的现实分析 [J]. 中小学教师培训,2003(10):53-55.
[9] 伍新春,曾玲娟,秦宪刚,等. 中小学教师职业倦怠的现状及相关因素研究 [J]. 心理与行为研究,2003,1(4):262-267.
[10] 刘晓明. 职业压力、教学效能感与中小学教师职业倦怠的关系 [J]. 心理发展与教育,2004,V20(2):56-61.
[11] 徐富明,朱从书,黄文锋,等. 中小学教师职业倦怠的相关因素探究 [J]. 中国心理卫生杂志,2005,19(5):324-326.
[12] 赵玉芳,毕重增. 中学教师职业倦怠状况及影响因素的研究 [J]. 心理发展与教育,2003,V19(1):80-84.

秦金亮将幼儿教师生涯划分为7个阶段,揭示了教师各阶段普遍存在不同程度的职业倦怠。[①] 研究者采用MBI教育版倦怠量表调查了280名初中、高中英语教师的职业倦怠情况,结果发现,中学英语男教师的总体倦怠程度略低于女教师,教龄10年以内的教师在"个人成就感"维度上的得分明显低于教龄10年或20年以上的教师,优秀教师或骨干教师的职业倦怠情况最不明显。[②] 唐丽玲和赵永平综合使用问卷、访谈和课堂观察等调查工具对118名西部高校外语教师的职业倦怠调查显示,高校教师在"情感衰竭"维度上问题严重,性别、学历、教龄、职称与课时均是对教师职业倦怠影响显著的背景性因素,科研压力是非常重要的社会性影响因素。[③]

(二)作为整体的教师情感

情感能否被明确分类?这一点在心理学与教育心理学界引发了不少争议。有的研究不是聚焦某一具体的情感元素,而是关注教师在职业生活中整体经历的情感体验。例如,有研究者详细观察与记录了3名幼儿园教师在30天课堂生活中的情感表现(emotion expression),发现10~14时教师忙于照顾学生,负面情感最为强烈,而16~18时由于学生已陆续回家,教师表现出更多的积极情感。[④] 考伊(Cowie)采用访谈法收集了9名教师的生活史信息以及他们对教学环境、教学工作的认识,以此探索教师对学生、同事和工作所持的情感。结果发现,教师对同事和组织表现出更多负面情感,而他们与学生有关的情感大多积极、温暖,这主要与其作为学生的"关爱者"

[①] 赵娜,秦金亮.幼儿教师职业生涯周期的职业倦怠研究[J].教师教育研究,2007,19(3):72-76.
[②] 程晓堂.英语教师职业倦怠情况调查[J].外语艺术教育研究,2006(4):47-52.
[③] 唐丽玲,赵永平.西北高校外语教师职业倦怠与其影响因素的关系研究——以甘肃省为例[J].黑龙江高教研究,2013,31(1):99-103.
[④] Fu C S, Lin S T, Syu S H, et al. What's the matter in class? Preschool teachers' emotions expression[J]. Procedia-Social and Behavioral Sciences, 2010, 2(2): 4887-4891.

（carers）和"道德引领者"（moral guides）的身份认同相关。①

在沃尔德隆（Waldron）的个案研究中发现，科学教师亚丽杭德拉（Alejandra）的情感体验同样在她的职业生活中发挥着道德引领作用。研究者以这位有经验教师的情感体验变化为线索，描述了不同情感体验在其教育教学工作中的特定作用以及由此带来的职业生活变化。比如，学生家长的赞赏（admiration）、同事的信赖与情谊（camaraderie）增强了这位教师的从教信心，对家人的愧疚（guilt）促使她重新平衡工作和家庭责任，对应试教育的愤慨（indignation）激励她向管理者提出对测试制度的意见并积极寻求改变，而对新教师的同理心（sympathy）则推动她为对方提供指导。该研究超越了对情感本体论的探讨，将教师复杂多元的情感作为一种整体的经历和体验，揭示了情感在教师职业生活中的实然作用，即情感为职场生活着色，赋予其生命活力。②

（三）教师情感规则与情感劳动

以哈格里夫斯（Hargreaves）为代表的研究者对教师的情感规则和情感劳动进行了深入探索。教学不仅是情感实践，更是情感劳动，需要教师在人际互动中通过努力、计划和控制来表达恰当的感情。而教师在进行情感劳动时，必须遵循的某种特定要求、准则和规范体系就是教师的情感规则或"情绪法则"。③ 泽比拉斯（Zembylas）通过访谈、参与性观察、田野笔记以及教师情感日记等数据收集工具，对一位教师的教学实践及其中蕴含的情感规则持续研究了3年。研究发现，学校和课堂具有不成文的情感规则，教师需要了解这些规则来辨别在特

---

① Cowie N. Emotions that experienced English as a foreign language (EFL) teachers feel about their students, their colleagues and their work[J]. Teaching and Teacher Education, 2011, 27 (1): 235-242.
② Waldron V R. Communicating Emotion at Work[M]. Cambridge: Polity Press, 2012: 12.
③ Hargreaves A. The emotional practice of teaching[J]. Teaching and Teacher Education, 1998, 14 (8): 835-854.

定的学校环境中适宜或不适宜的情感；教师的共识之一就是在学校里表露强烈的感情是不专业的，因此他们坚持控制个人的感受，努力保持中立，甚至一直以来"防止自己表达真实的感受"。[①]其他研究也得到了类似结果，指出教师广泛认可情感管理是专业精神的一部分，有节制的情感表达够促进有效性目标或理想情感目标实现。社会建构主义观点认为情感扎根于社会文化情境之中，受到社会、文化和历史的影响，那么中国的文化传统如何看待教师情感？对教师的情感规则、情感劳动又有什么特别的影响？有研究者专门探讨了中国环境下教师工作遵循的情感规则。在3年质性研究中，他们采用半结构访谈和档案收集的方法，获取了29名学科不同、教龄各异、任教学校层次不一的中学教师和兼职管理者的数据，分析总结出4个情感规则，即热情投身教育、隐藏消极情感、维持积极情感以及把情感作为实现教学目标的工具。中国的文化传统主张"真实的个人感受遵从社会秩序与社会期待"，前者往往服从后者。与西方国家相比，中国秉承集体主义、相互依存的价值观，推崇能够增强社会凝聚力和增进良好人际关系的情感，如"敬重"、"受惠"和"内疚"等。情感的文化属性必将体现在"不成文"的教师情感规则中，支配教师的情感劳动。[②]

（四）教育改革中的教师情感

情感曾是教育改革中最受忽视的维度之一。但近年来，基于教育改革这一特定情境的教师情感实证研究不断增加。哈格里夫斯围绕"教育变革中的教师情感"这一主题，深度访谈了加拿大32名七年级和八年级的授课教师，探究其对当时一次省级规模课程变革的认识、

[①] Zembylas M. Discursive practices, genealogies, and emotional rules: A poststructuralist view on emotion andidentity in teaching[J]. Teaching and Teacher Education, 2005, 21 (8): 935-948.

[②] Yin H B, Lee J C K. Be passionate, but be rational as well: Emotional rules for Chinese teachers' work[J]. Teaching and Teacher Education, 2012, 28 (1): 56-65.

适应性与应对方式。结果发现,课程变革作用于教师的情感目标,从而对他们解读教育改革的方式产生影响。[①]克米特(Chmidt)等,同样关注教师在理解教育改革过程中的情感体验,在历时4年的个案研究中访谈了75名教师,发现教师在所谓的学校层面即从宏观上谈及对教育改革的理解时,几乎不涉及情感投入,而一旦回归到个人的课堂教学实践,他们理解教育改革时就会变得情绪化。研究者呼吁设计和实施教育改革的各级组织必须认识到,教师只有得到情感支持才能"投身于合理的冒险"。[②]情感支持对教师理解教育改革、落实改革举措具有重要推动作用,在达比(Darby)的研究中也得到了体现:最初感到恐惧畏难的教师在指导教师及高校研究者的帮助下,重新构建了对自我职业角色的理解,从而不仅提升了学生的学习成就,也推动了教师自己教学实践的进步,并最终激发自己产生了自豪与兴奋的情感体验。如果缺乏外界支持,即使教师原本对教育改革充满热情,也可能会遭遇失败,产生一系列负面情绪,最终丧失职业热情,甚至引发职业身份认同危机。[③]维恩(van Veen)等的个案研究便对此提供了佐证。此外,泽比拉斯等从社会政治学视角研究了塞浦路斯这个社会动荡、纷争重重的国家在发布一项"和平共处"的教育新政后,该国教师对教育政策实施困难的认识和情感反应。研究者采用量化与质性研究相结合的方法,在1200名中小学教师中展开了问卷调查,并与40名教师进行了半结构深度访谈。结果发现,教师对实行教育新政缺乏意愿与准备;相比之下,老一辈教师和男性教师对新政较为认可,但年轻教师和女教师更多表示质疑、谨慎。研究者分析指出,该

---

① Hargreaves A. The emotional practice of teaching [J]. Teaching and Teacher Education,1998,14(8):835-854.

② Schmidt M,Datnow A. Teachers' sense-making about comprehensive school reform: The influence of emotions [J]. Teaching and Teacher Education,2005,21(8):949-965.

③ Darby A. Teachers' emotions in the reconstruction of professional self-understanding [J]. Teaching and Teacher Education,2008,24(5):1160-1172.

国的意识形态复杂，而教育新政的政治色彩浓厚，加之缺乏教学材料、课程大纲和教师培训等方面必要的教学支持，教师很难接受新的教育政策，由此激化了他们的负面情感体验。[①]泽比拉斯等在《教师情感研究进展：对教师生活的影响》一书中对已有教师情感研究的核心发现进行了总结，认为教师的情感与其幸福感、身份认同密切相连，与师生关系相互作用，是教师变动的生活中重要侧面，并具有境遇化特征，即存在于特定的社会、文化和政治环境之中。随着教师情感研究的日益发展，教师情感的实然图景将不断丰富，从而引发更广泛、深入的探索。

三、中小学教师的主观幸福感及其与其他变量的关系

主观幸福感（subjective well-being，SWB）是评价者根据自定的标准对其生活质量的整体性评估，包括认知评价和情感体验。也有人认为其由生活满意度、积极情感和消极情感三个不同维度组成。主观幸福感是积极心理学体系的重要研究领域，是衡量个人生活质量的综合性心理指标，反映主体的社会功能与适应状态。

近些年来，学界对教师主观幸福感的研究逐渐增多。研究该课题对于了解广大教师的生活状况，改善教师的生活和工作环境、待遇，提高教师工作积极性有重要意义。有研究者以搜集到的152篇实证文献为基础，综述了2006—2016年国内对教师主观幸福感的研究。[②]对于研究该问题的学者提供了参考。但是，美中不足的是该项综述对过去该领域研究的结果概括不很理想，比如，各种具体数据的对照和比较还有待深入。

[①] Zembylas M，Charalambous C，Charalambous P，et al. Promoting peaceful coexistence in conflict ridden Cyprus：Teachers' difficulties and emotions towards a new policy initiative [J]. Teaching and Teacher Education，2011，27（2）：332-341.

[②] 罗小兰，王静. 近十年我国教师主观幸福感研究综述 [J]. 教育学术月刊，2016（12）：72-77.

主观幸福感是个体依据自己设定的标准对其生活质量的总体评价。自我概念是个人对自己全方面（包括生理、心理和社会功能等）的知觉和主观评价。有研究证明，主观幸福感与自我概念是两个相对独立的范畴，但存在一定的关系，表现为自我概念越积极，主观幸福感越强。[1]研究者测量了301名小学教师，用安德鲁斯（Andrews）和威西（Withey）编制的《人脸量表》测量主观幸福感。采用美国田纳西心理学家菲茨（Fitts H）编制的《田纳西自我概念量表》对小学教师的自我概念进行测量。主观幸福感的评定结果显示，平均分为5.20±0.82。小学教师的主观幸福感呈右偏态分布趋势，总体情况比较好，表现为感到幸福和比较幸福的人占大多数。男教师的主观幸福感明显高于女教师。主观幸福感在年龄、城乡、婚姻和学历上差异不显著，提示这些因素对小学教师的主观幸福感影响不大。不同自我概念水平教师之间的主观幸福感存在显著差异，即自我概念越好，主观幸福感越强，自我概念水平与主观幸福感之间存在显著正相关。但自我概念只是影响主观幸福感的因素之一，影响小学教师主观幸福感的其他因素有待进一步研究。

有研究者用《人脸量表》和《一般症状自评量表》测量了301名小学教师的主观幸福感和心理健康状况。结果显示，小学教师的主观幸福感呈右偏态分布趋势，主观幸福感与心理健康存在显著正相关。这说明心理健康是影响小学教师主观幸福感的因素之一。[2]

杨婉秋探讨了中小学教师的主观幸福感的基本状况，用《主观幸福感指数量表》为测量工具，调查了116名教师和113名非教师群体。[3]结果表明，除了在教师来源（所在地区）因素上外，其他变量

---

[1] 杨宏飞. 301名小学教师主观幸福感与自我概念测评 [J]. 中国心理卫生杂志，2002，16（5）：322-322.
[2] 杨宏飞，吴清萍. 小学教师主观幸福感与心理健康的相关研究 [J]. 中华行为医学与脑科学杂志，2002，11（3）：316-317.
[3] 杨婉秋. 中小学教师主观幸福感研究 [J]. 中国健康心理学杂志，2003，11（4）：243-244.

水平上教师群体的幸福感不存在显著的差异；教师群体在生活满意度和幸福感指数上得分均显著高于非教师群体；男性教师群体的幸福感显著高于男性非教师群体；25岁以上的教师群体的幸福感明显高于25岁以上的非教师群体；已婚教师群体的幸福感显著高于已婚的非教师群体的幸福感。这些结果说明，中小学教师主观幸福感高于其他非教师群体。

倪林英等采用《总体幸福感量表》、《艾森克人格问卷》和《社会支持量表》调查了328名小学教师，考察了小学教师主观幸福感及其影响因素。[①] 结果显示，已婚教师在情感和行为控制因素与未婚教师差异有显著性。主观幸福感水平在不同性别、教师类型（骨干教师和普通教师），已婚和未婚教师间差异无显著性。总体幸福感评分与主观支持评分、情绪稳定性维度分与经济状况呈显著相关。这些结果说明主观支持、神经质与经济状况可能是影响小学教师主观幸福感的重要因素。

罗亚莉等运用《教师职业承诺问卷》对126名教师进行测量，发现教师职业承诺水平一般，其中，代价承诺水平最高，且中学教师与大学教师职业承诺各维度基本统计值存在不同情况。不同性别、年龄、职称、是否担任班主任或年级辅导员的中学、大学教师在职业承诺3个维度上的承诺水平存在显著差异。教师职业承诺各维度与主观幸福感的相关分析表明，情感承诺与主观幸福感呈显著正相关。[②]

张西超等抽取北京市8所小学495名小学教师，采用问卷调查的方法收集数据，对小学教师心理资本现状进行描述，并使用结构方程模型探讨小学教师心理资本与主观幸福感之间的关系，以及职

---

① 倪林英，杨勇波，雷良忻. 小学教师的主观幸福感及其影响因素分析 [J]. 中国学校卫生，2006，27（1）：16-17.

② 罗亚莉，刘云波，刘衍玲. 教师职业承诺及其与主观幸福感的相关研究 [J]. 教育学术月刊，2006(11)：28-30.

业压力在二者关系间的中介作用。结果表明，小学教师心理资本水平普遍较高，男性教师的效能维度得分均数显著高于女性教师，低教龄教师的韧性维度得分均数显著低于高教龄教师；小学教师的心理资本与主观幸福感间呈显著正相关，心理资本与职业压力、职业压力与主观幸福感之间呈显著负相关；职业压力在心理资本与主观幸福感之间起部分中介作用。①

叶映华等采用《中小学教师幸福表现量表》、《幸福感指数量表》、《生活满意度量表》和《教师社会支持量表》对168名城市教师进行测量，探讨城市教师社会支持、幸福行为表现与主观幸福感的关系。结果显示，教师幸福行为表现能够预测主观幸福感，教师幸福行为表现是直属领导支持与教师主观幸福感关系的中介变量。②

王黎华和明廷华采用《主观幸福感指数量表》、《领悟社会支持量表》和《简易应时方式问卷》对152名小学教师进行问卷调查，探讨小学教师主观幸福感与社会支持、应对方式的关系。结果显示，社会支持各维度、积极应对方式与主观幸福感各维度之间均呈显著相关。这些结果说明社会支持、积极应对方式是影响小学教师主观幸福感的重要因素。③

郭英和谢鞅比较了城乡初中教师主观幸福感。结果发现，城乡初中教师的主观幸福感有着显著差异。从主观幸福感的各维度看，在对工作本身的满意度、对学校及领导的满意度、对收入福利的满意度及与同事交往的幸福感方面，农村初中教师均高于城镇初中教师，且差异达到显著水平；对社会支持的满意度也是农村教师稍高于城镇教

---

① 张西超，胡婧，宋继东，等. 小学教师心理资本与主观幸福感的关系：职业压力的中介作用[J]. 心理发展与教育，2014，30（2）：200-207.
② 叶映华，杨仙萍，罗芳. 城市教师社会支持、幸福行为表现与主观幸福感的关系[J]. 中国临床心理学杂志，010，18（2）：235-237.
③ 王黎华，明廷华. 小学教师主观幸福感与社会支持、应对方式的关系[J]. 中国健康心理学杂志，2008，16（6）：609-610.

师,但差异不显著;城镇教师只在与学生交往时比农村教师感到更幸福,但差异也不显著。这些结果说明,农村教师比城镇教师有着更强的主观幸福感。①

谢鞅采用问卷调查法,结合文献分析,探讨了初中教师主观幸福感的状况及影响因素。②研究者测量了560名初中教师,总体上讲,初中教师的主观幸福感在中等水平,且两极分化严重。具体来看,初中教师在与学生及同事交往时能获得较强的幸福感,从职业工作本身、学校及领导、社会支持方面获得中等程度的幸福感,从收入福利方面很少能获得幸福感。提高初中教师的经济地位和社会地位对于增强其主观幸福感至关重要。城乡初中教师的主观幸福感存在显著差异。农村教师比城镇教师有着更强的主观幸福感。农村教师从职业工作本身、学校及领导、收入福利、社会支持、与同事交往这5个方面都比城镇教师感到有更多的幸福体验;而城镇教师只在与学生交往方面比农村教师感到更幸福。初中男女教师的主观幸福感水平基本相当,没有显著差异。男教师比女教师的主观幸福感稍强,他们在职业工作本身、学校及领导、收入福利这3个方面都比女教师有更多的幸福体验;而女教师则在与社会支持、学生交往、与同事交往3个方面比男教师感到更幸福。初中教师主观幸福感大致呈现出"强—弱—更强"的变化趋势。1～5年教龄组的教师主观幸福感相对较强;6～10年教龄组的教师主观幸福感有所减弱;随着教龄的增长,初中教师的主观幸福感越来越强。从教的第6～10年是教师感到最不幸福的时间段。初中主科教师与初中非主科教师的主观幸福感无显著差异,但主科教师的主观幸福感略强于非主科教师。主科教师在对职业工作本身的满意度、对学校及领导的满意度、对收入福利的满意度、与学生交往的幸福感、

---

① 郭英,谢鞅.城乡初中教师主观幸福感的比较研究[J].中国健康心理学杂志,2007,15(10):913-915.
② 谢鞅.初中教师主观幸福感的调查研究[D].四川师范大学硕士学位论文,2006.

与同事交往的幸福感等方面略好于非主科教师；非主科教师从社会支持方面获得的幸福感略强于主科教师。城乡因子是影响初中教师主观幸福感的重要因素；性别、教龄因素对初中教师主观幸福感有一定的影响；任教学科对初中教师主观幸福感的影响较小。

谢鞅认为，提高初中教师的主观幸福感可以采取以下措施：第一，提高教师的职业声望；第二，提高教师的政治待遇与经济待遇；第三，为教师提供良好的工作环境；第四，为教师提供更多、更好的发展机会；第五，让教师参与学校事务的管理；第六，减轻教师压力并增强其职业成就感；第七，要提高教师心理健康水平；第八，教师自身要进行职业发展规划。

相关的研究者也有类似的表述。比如有研究者认为，教师的总体幸福感并不高。影响教师主观幸福感的因素主要有经济收入、社会支持、生活事件等外因，以及人格与自尊、自我效能感与应对方式、心理健康水平等内因。研究者建议通过提高教师的职业声望、社会地位和经济待遇；改善教师的工作环境，积极促进教师专业发展；提升教师的心理健康水平，增强教师的幸福能力等途径，可有效增强教师的主观幸福感。[1]

张传月和赵守盈探讨了小学教师的主观幸福感状况。结果表明，小学教师总体主观幸福感水平不高。已婚教师的正性情感显著高于未婚教师；在负性情感上，25岁以下的教师得分最低，46岁以上的教师得分最高；不同收入的教师在主观幸福感的各个维度上均无显著性差异；不同学历教师的主观幸福感存在极其显著的差异，学历越高负性情感得分越低，主观幸福感越强。小学教师的工作满意度与主观幸福感呈显著相关。[2]

---

[1] 邓坚阳，程雯. 教师主观幸福感的影响因素及其增进策略 [J]. 教育科学研究，2009（4）：70-72.
[2] 张传月，赵守盈. 小学教师主观幸福感现状调查研究 [J]. 教育导刊，2007（6）：49-51.

刘玎和卢宁采用《A 型行为问卷》、《主观幸福感问卷》以及《疲劳问卷》，调查了从深圳市 40 所中学中选取的 205 名教师，探讨中学教师 A 型行为（主要特征为竞争意识强，对他人敌意，易紧张和冲动）与疲劳以及主观幸福感之间的关系，以及 A 型行为和主观幸福感对教师疲劳的影响。结果显示，A 型行为教师的疲劳值明显高于 B 型行为教师（主要特征为情绪平和，竞争意识不强）（$p<0.05$），A 型行为与躯体疲劳、脑力疲劳以及疲劳总分相关均具有统计学意义，r 分别为 0.20、0.20、0.23（$p<0.01$）；A 型行为与幸福感指数的相关没有统计学意义；回归分析表明，总体情感指数以及 CH（争强好胜和敌意）能有效预测疲劳。[1] 这些结果提示，A 型行为的教师更容易疲劳，但教师的主观幸福感不受其 A 型行为模式的影响，CH 和总体情感指数能有效预测疲劳。

陈美荣从江西省范围内选取中小学教师 423 名有效被试作为研究对象，以《总体幸福感量表》、《艾森克人格问卷》和《教学效能感问卷》为研究工具对其进行调查，考察中小学教师的人格特征、教学效能感与主观幸福感之间的关系。[2] 结果显示，大部分教师的总体主观幸福感处于中等水平，他们对其目前的生活质量持较为满意的态度，积极、正向情感体验多于消极、负向情感体验；不同性别的教师的主观幸福感在总体上没有差异；6～10 年教龄的教师在紧张度上高于其他教龄的教师，但在主观幸福感的其他维度上不存在显著差异；41～50 岁的教师在精力上高于其他年龄段的教师，但在主观幸福感的其他维度上没有显著差异；大专学历的教师比本科学历的教师感到更为松弛，而且主观幸福感水平也更高，且差异显著；不同婚姻状况的教师

---

[1] 刘玎，卢宁. 中学教师 A 型行为与疲劳及主观幸福感关系的研究 [J]. 预防医学情报杂志，2005，21（5）：517-520.
[2] 陈美荣. 中小学教师的人格特征、教学效能感对主观幸福感的影响研究 [D]. 华东师范大学硕士学位论文，2007.

在精力、忧郁或愉快的心境因子及主观幸福感总分上存在显著差异，未婚教师和已婚教师在这 3 个方面的得分均高于离异教师，在对情感和行为的控制上已婚教师好于离异教师，并存在显著差异。总体上，已婚教师的幸福感水平高于未婚和离异教师的幸福感水平。不同月薪收入状况的教师在忧郁或愉快的心境、对情感和行为的控制及主观幸福感总分上存在显著差异。与月薪收入分别为 1000 元以下和 1500 元以上的教师相比，月薪收入在 1000～1500 元的教师的总体幸福感最高；不同学校类型的教师的主观幸福感不存在显著差异；身体状况越好的教师主观幸福感水平越高。人格特征维度中的精神质、情绪性与教师教学效能感均呈负相关，外倾性与教师教学效能感呈正相关。人格特征、教师的教学效能感与教师的主观幸福感之间有着较为密切的关系。人格特征维度中的精神质、情绪性和外倾性以及教学效能感维度中的个人教学效能感均对主观幸福感具有较好的预测作用。教师的个人教学效能感是人格特征对主观幸福感产生影响的中间变量。

曾荣侠使用《综合幸福感问卷》和《社会支持评定量表》对河南省 659 名中学教师进行调查，考察了中学教师主观幸福感与社会支持的关系。[1] 结果显示，河南省中学教师正性情感较多，负性情感较少，生活满意度和主观幸福感的整体平均水平较高；主观幸福感各指数与社会支持各维度均存在显著的相关关系；高、低社会支持组被试在主观幸福感各指数上均存在着显著差异；主观支持对幸福感各个维度均有显著的预测作用，支持利用度对主观幸福感具有较好的预测作用，客观支持对主观幸福感具有一定的预测作用。中学教师的主观幸福感与社会支持存在显著的相关关系，不同属性的社会支持对主观幸福感各指数的预测作用不同。

---

[1] 曾荣侠. 河南省中学教师主观幸福感与社会支持的相关研究 [J]. 河南教育学院学报（哲学社会科学版），2009，28（4）：74-76.

周旻和张涛采用《主观幸福感指数量表》随机调查年龄为 22~59 岁的太原市的 1327 名教师,探讨基础教育阶段教师主观幸福感及其影响因素。结果显示,小学教师的幸福感指数略高于初中教师($t=3.88$,$p<0.01$),性别因素在对幸福感指数的影响中差异较小,专科及以下学历的教师在主观幸福感上显著高于本科和研究生学历的教师($F=1.68$,$p<0.05$);在职称方面,高级职称教师幸福感明显高于其他职称水平的教师,中级职称次之($F=2.79$,$p<0.01$)。这些结果说明,在基础教育阶段教师的教学阶段、学历、职称是影响其主观幸福感的部分因素。[①]

张国礼等应用《教学素养、工作压力、主观幸福感问卷》对中小学教师 1985 人进行调查,探讨教学素养、工作压力、主观幸福感之间的关系。结果发现,教学素养与工作压力具有负相关,学生观、教学组织对工作压力具有显著预测作用;工作压力与主观幸福感呈负相关,职业因素、组织因素、自我因素、学生因素对主观幸福感具有显著预测作用。教学理念、教学技能一方面直接影响工作压力与主观幸福感;另一方面教学理念、教学技能通过工作压力间接影响主观幸福感。[②]

郭英和谢鞅采用自编问卷考察了教龄因素对初中教师主观幸福感的影响。结果显示,不同教龄初中教师的主观幸福感无显著差异,但其主观幸福感呈现出"强—弱—更强"的变化趋势。从主观幸福感的各纬度看,"对学校及领导的满意度",21 年以上教龄组显著高于 1~5 年组和 6~10 年组初中教师的平均得分;11~15 年教龄组显著高于 1~5 年组和 6~10 年组初中教师的平均得分;"对收入福利

[①] 周旻,张涛. 基础教育教师主观幸福感及其影响因素 [J]. 中国健康心理学杂志,2013,21(9):1318-1319.

[②] 张国礼,边玉芳,董奇. 中小学教师教学素养、工作压力、主观幸福感的关系 [J]. 中国特殊教育,2012(4):89-92.

的满意度),11～15年教龄组和21年以上教龄组均显著高于1～5年组的初中教师的平均得分。从总体上看,教龄因素对初中教师主观幸福感的影响不大,但是会影响初中教师"对学校及领导的满意度"与"对收入福利的满意度"。[1]

任蓉蓉和龙文祥采用《人际信任度量表》、《教师教学效能感量表》、《生活满意度量表》以及《情感量表》对芜湖市无为县117名农村教师进行调查,探讨农村教师人际信任、教学效能感与主观幸福感的状况及其3者之间的关系。结果显示,农村教师的主观幸福感偏低;不同性别、年龄、教龄、学历和婚姻状况的农村教师在主观幸福感上不存在显著差异;人际信任度与生活满意度和主观幸福感呈显著负相关;总体教学效能感与情感平衡呈显著相关;人际信任和总体效能感能够部分地预测农村教师的主观幸福感。这些结果提示,农村教师主观幸福感为中等偏下水平,有半数以上的教师体验着不幸福。[2]

有研究者探讨了城市郊区中小学教师的主观幸福感。研究对象是上海市和江西省某市郊中小学教师,采用整体分层随机抽样的方法,共得到有效问卷322份。采用的测量工具包括《幸福感指数量表》《"大五"人格问卷》《特质焦虑问卷》《生活满意度量表》。结果显示,市郊中小学教师主观幸福感水平偏低。被试的幸福感指数量表总分为10.52(该量表的总分范围为2.1～14.7)。市郊中小学教师主观幸福感在年龄、学科、性别上差异不显著,但在教师类型上存在显著差异。生活满意度是影响市郊中小学教师主观幸福感的重要因素,可解释主观幸福感64.6%的变异。研究显示,宜人性对市郊中小学教师生活满意度的影响是通过特质焦虑这个中介变量起作用的。[3]

---

[1] 郭英,谢鞠.不同教龄初中教师主观幸福感的比较研究[J].教育学术月刊,2010(8):24-26.
[2] 任蓉蓉,龙文祥.农村教师人际信任、教学效能感与主观幸福感[J].中国健康心理学杂志,2013,21(3):371-374.
[3] 王洪明.市郊中小学教师主观幸福感的实证研究[J].上海教育科研,2007(8):48-49.

第四章
义务教育阶段教师的意志品质和职业认同

第一节 义务教育阶段教师的意志品质

一、意志与意志自由

（一）意志

意志是心理学研究的重要课题。传统心理学十分重视对意志的研究，但是，20世纪初，行为主义占据主流地位以后，意志的研究一度停顿。近年来，该课题重新受到了心理学家的关注。

意志是人们自觉确定目的、制订计划，根据目的调节行为，通过克服困难最终实现目的的心理过程。人的意志体现了人的本质。个体通过实践活动经验的积累和知识的丰富，认识了事物发展的客观规律，在一定程度和一定范围把握了客观世界的结构，个体就可以利用自己的经验、知识和对客观世界的认识自觉地确定活动的目的或者目标，然后通过制订计划、付诸行动去实现自己的目的。个体的意志特别体现在，当个体在实现目的的过程中遇到了主观或者客观方面的阻碍、困难时，能够利用措施和方法去服困难，战胜各种阻碍最终实现自己的目的。这是动物所不具备的能力或者特质。评价一个人的意志力的高低往往通过考察其意志的自觉性、意志的果断性、意志的坚持性、意志的自制性来判断。

意志的自觉性是指个体对行动的目的有着深刻的认识，能够自觉地支配自己的行动，使之服从于活动目的的意志品质。意志的自觉性体现了个体的意识对客观规律认识的深刻性。如果个体意志的自觉性不足，就会表现出易受暗示性与独断性。易受暗示性是指人的思想、行为缺乏定力缺乏稳定性，表现为人云亦云，没有主见，就像墙头草一样，"东风来了往西倒，西风来了往东倒"。独断性是指人们的思想和行为刻板，缺乏灵活性、机动性，听不进别人的意见和建议，往往固执己见，独断专行。换句话说，意志的自觉性过分强，极有可能走向独断性，反之则易走向易受暗示性。

意志的果断性是指个体能够明辨是非，迅速果断地采取正确的决定和执行决定方面的意志品质。意志的果断性不足，个体会表现出优柔寡断和草率决定。优柔寡断的人遇事犹豫不决，患得患失，在做决定的时候反复地前思后想，分不清"大利与小利"、"长远利益和眼前利益"、"局部利益和全局利益"或者"芝麻西瓜一起抓"，分不清轻重缓急或者谋而不决。意志果断性不足者还表现为凭借激情或者凭借自己的好恶、凭借过往的经验而草率决定。其没有对客观条件进行深思熟虑就迅速做出决定的能力。意志的果断性强调的是做决定的速度与合理性。优柔寡断的人在做决定的时候太慢，而草率决定的人在做决定的时候太快，往往所做的决定也不合理。

意志的坚持性是指在意志行动中能坚持决定，百折不挠地克服困难和障碍，完成既定目的方面的意志品质。与坚持性相反的意志品质是顽固和见异思迁。顽固的人执迷不悟，明知不可为而为之；见异思迁的人容易发生动摇，随意改变目标和行动方向。意志的坚持性主要强调的是能否坚持自己的决定，克服与达到目的相关的困难，过于坚持自己的决定就是顽固，过于不能坚持自己的决定就是见异思迁。意志的坚持性是意志的其他品质的综合体现。

意志的自制性是指能够善于控制和支配自己行动方面的意志品质。与意志的自制性相反的是任性和怯懦。任性的人自我约束能力差，不能有效调节自己的言论和行动，不能控制自己的情绪，行为常常受情绪的控制；怯懦的人胆小怕事，遇事畏缩不前。意志的自制性强调的是控制自己的情绪，在外界诱因面前能正确地取舍。如果个体对自己的行为不加控制，过于被自己的情绪所支配，率性而为，就是缺乏自制性的表现。

（二）关于意志自由的争论

人类的意志是自由的吗？人类是否能够以及怎样有意识地控制自己的行为？自由意志能否作为一种独立的力量存在？这些都是千年来一直困惑学者的神秘问题。其之所以得到持久关注是因为自由意志与人的自我本性、人在宇宙中的地位以及道德责任的根据都密切相关。[1][2] 关于意志是否自由的问题，不同的学者提出了不同的观点。自由意志论从主观态度出发，认为个体是自由的和自主的存在者，能够自己做出决定和选择，应该对自己的行为承担责任；决定论从客观态度出发，认为这个世界是受到自然规律或某些其他法则制约的，个体的行为受到自然规律支配和各种因素的限制，因此没有自由意志。笔者认为，人的意志在绝对意义上是不自由的，在相对意义上是自由的。

当代的神经科学为传统领域中一些仅凭思辨难以解决的问题提

---

[1] 董蕊，彭凯平，喻丰，等. 自由意志：实证心理学的视角 [J]. 心理科学进展，2012，20（11）：1869-1878.

[2] 费多益. 意志自由的心灵根基 [J]. 中国社会科学，2015（12）：51-68.

供了新的素材，从实证的角度增进和深化了人们对原有心灵哲学的探究。① 20 世纪末以来的神经科学研究显示，人们的某些选择行为是神经运作的结果，大脑不需经由我们的意识就决定了我们的行动。里贝特（B. Libet）的实验表明，脑产生动作的时间发生在参与者意识到他们做出决定前 350 毫秒。里贝特让被试在他们选择的时间点移动自己的手腕，并记录准确时间。被试报告：他们在实际动作前大约 200 毫秒时，就已经有弯曲手腕的意图。实验同时测量了大脑的准备电位——来自对脑的涉及运动控制区的活动记录。准备电位动作开始前 550 毫秒产生，由此推算，脑产生动作的时间发生在参与者意识到他们做出决定前 350 毫秒。② 海恩斯（J. Haynes）等利用功能磁共振成像（functional magnetic resonance imaging，fMRI）进行类似研究。③ 实验要求被试选择按下左键或右键并记录做决定的时间，数据反映出，被试在有意识地决定之前，其大脑活动已经显示了按左键或右键的倾向。实验结果与人们的日常感觉相左：在想好下一步将要如何行动之前，大脑已经帮个体做出了决定，然后个体意识到这个决定，并且相信它是出于个体的选择。这说明，意识到做出一个决定是完成这一工作的大脑活动的结果，而不是导致实际决定的原因链的一部分，所谓的"在意志命令下产生行为"的信念，只是行为者从对事件的反思角度而言的。基于这些发现，一些人声称，人没有自由意志，人类的抉择无非是人的生物倾向导致的。④ 显然，按照上述实验的逻辑，一个合理的结论应该是，人们的意志是不自由的。

---

① 费多益. 意志自由的心灵根基 [J]. 中国社会科学，2015（12）：51-68.

② 本杰明·里贝特，里贝特，李恒熙，等. 心智时间：意识中的实践因素 [M]. 李恒熙，李恒威，罗慧怡译. 杭州：浙江大学出版社，2013.

③ Soon C S, Brass M, Heinze H J, et al. Unconscious determinants of free decisions in the human brain[J]. Nature Neuroscience，2008，11（5）：543-545.

④ 萨姆·哈里斯. 自由意志：用科学为善恶做了断 [M]. 欧阳明亮译. 杭州：浙江人民出版社，2013：21-22.

然而，人们普遍相信自由意志的存在并将其看作是道德实践展开的根据，自由意志成为人类思考价值与意义的基础。作为承担责任的载体，个体要为自己的行动负责。在伦理和法律领域，如果一个人没有觉知到其关于行动做出的选择，并且正在无意识地施行这些动作时，社会倾向于认为其行动具有减免的责任。一旦个体放弃相信自由意志，某些道德直觉将开始松动，因为当个体认为即便是最可怕的掠夺者，也是不幸天生注定如此，那么个体的道德感和断恶行善的逻辑也就不成立。当然，对于实验数据的解读，也有研究者从科学的层面表示质疑。在他们看来，这些实验被过度简化了。实验中微小的时间差或许被扭曲或误解，因为有意识思维决策的报告缺少客观性。神经学实验通常采用可控输入：在精确时刻向某人展示某图片，然后观察大脑的反应，但实验中将被试有意识的动作意图作为输入，显然是以主观的方法确定计时时刻。况且由于被试的应答方式已经被设定，他们可能会受到一些预先决定的信号的干扰或影响，如此测量的大脑活动就不是与实验直接相关的了。[1]还有人认为，被研究的大脑区域集中于运动辅助区和前扣带回运动区，这两个区域仅仅负责运动计划的后期部分，而发挥着意志和决断力作用的更高级的脑区或许处于这部分之外。[2]最后，不同类型的行为情况各不相同，用手指动作指示的行为，不能推广到思维领域或其他运动神经的动作。仅仅是一个动作出现在自我意识到它开始之前，并不意味着意识不能对它进行批准、修改或取消。毕竟，动手指这样的简单行为与审慎的思考或决定之间相去甚远。

这里讲的自由，指的是自主的行动者必须独立于他人的意志，

---

[1] Guggisberg A G, Mottaz A. Timing and awareness of movement decisions: Does consciousness really come too late?[J]. Frontiers in Human Neuroscience, 2013, 7 (31): 385.

[2] 费多益. 意志自由的心灵根基 [J]. 中国社会科学, 2015 (12): 51-68.

不受他人的劝诫和指令的支配。个体能够理解或知道他为什么做他所做的，他的行为受他的愿望与态度的影响，并经形成意图和追求目标而产生。①人们无法抹杀那种进行自愿的、有意向的行动的经验。正是这些经验成为人们确信自由意志的基石，因为在这些经验中，个体会感到存在着选择行动过程的可能性。②但是，自由不是指免于因果律或没有任何限制，相反，它以秩序为基础，并与因果法则相容。个体的自由必定受到一些结构性的限制——个体必须有自己的思想才能够进行选择，而思想以脑作为物质基础，因而做出的决定毫无疑问要受到自己大脑状况的影响。①

为什么我们在这里要讨论意志自由的问题？意志是否自由与中小学教师的心理健康素质有什么关系？对于第一个问题，讲到意志，意志是否自由的问题是绕不开的，因为一个人关于意志的观点影响着一个人的处世风格，或者说关于意志的观点与一个人的价值观、世界观和人生观密切相连，与一个人的人格特质也有密切联系。中小学教师的意志观不仅牵涉教学观、学生观，也牵涉业绩观及其对待教育工作的态度等，所以必须研究教师的意志观。对于第二个问题，中小学教师的意志品质以及中小学教师的意志观影响他们对待工作、对待学生、对待困难等的态度。因此很有必要研究中小学教师的意志。

二、教师的意志

教师的工作是与人打交道的工作，具体地讲是培养人、教育人的工作，"立德树人"是中小学教育和教学工作的根本目的。在实现这个目的的过程中会遇到这样或那样的困难和难题，需要教师想方设法克服。比如，教师在工作中常常会出现倦怠感，这就需要教师有坚

---

① 费多益. 意志自由的心灵根基 [J]. 中国社会科学，2015（12）：51-68.
② 莱布尼茨. 人类理智新论 [M]. 陈修斋译. 北京：商务印书馆，1982：169-171.

强的意志力来克服教学困难及维持良好的承诺与热情。科诺（Corno）认为，意志力层面是在目标承诺之后坚持持续努力的力量，会影响到个体的心理体验、工作表现及工作业绩。[1]意志力是指个体面对困难时，努力坚持以达成目标的内在心理倾向。意志力的本质是当人们面对各种挑战时，能够维持意向、坚持努力，克服困难以达成目标的心理过程。因此，教师的意志力是教师对教学目标承诺之后坚持持续努力的力量，它不仅能让其在面临教学困难时仍能坚持努力于教育与教学工作，也会对其心理体验、教学表现及业绩具有重要影响，因此值得研究。[2]

有研究者对111名特级教师和160名普通教师的信心、理想和意志状况进行调查研究和比较分析，结果显示，特级教师的信心、理想和意志状况均优于普通教师。[3]可见，意志对于优秀教师是至关重要的品质。

有研究者对中小学教师如何发挥意志的作用提出了建议，认为必须遵守以下原则：一是要时刻牢记教育工作的目的。我们的教育目的是培养社会主义的建设者和接班人，这个大目标、大方向不能改，不能变，这是每一位教师必须严格遵循的最大政治原则。二是要有顽强的毅力。世界上最繁重、最复杂、最困难的工作之一就是教育。因为教育的对象是人，是未成年人。要按照一定的方向去培养他们，没有辛勤的劳作，没有克服困难的勇气，没有坚韧不拔、百折不挠的精神是不能完成教育工作的。沮丧、泄气、一蹶不振是意志薄弱的表现。三是要有足够的耐心。这就要求教师要有涵养，要耐心并能循循善诱，

---

[1] Corno L. The best-laid plans: Modern conceptions of volition and educational research[J]. Educational Researcher, 1993, 22（2）: 14-22.

[2] 黄儒杰. 参与教师社群教师知识信念、目标设定及教学意志力之研究：以新北市小学为例. 教育研究集刊, 2014, 60（1）: 39-76.

[3] 张寿松. 特级教师与普通教师的信心、理想和意志状况的比较研究[J]. 继续教育研究, 2013（7）: 73-75.

培养学生既掌握文化知识,又具有良好的思想品德,这是一个复杂的教育过程,不可能一蹴而就和一劳永逸。教育过程有反复、有对抗、有逃避等情况是正常的,只有通过谈心、家访、引导等有效的方法才可能实现。以体罚和变相体罚学生是不可能完成教育目的的。优秀教师应以极大的耐心,坚持原则,持之以恒,动之以情,晓之以理,有理有节地进行教育才能取得理想的效果。四是要有良好的气质,既要有女性的温柔,又要有男性的刚强,也就是双性气质。双性气质的人能够在专业上取得成功,更能在人际交往中受人喜爱。教育实践证明,学生希望教师既像母亲一样充满温情和慈爱,又像父亲一样睿智和威严,教育活动中绝对男性化的教师,如表现为强硬、冷酷、多变、武断、情绪激动等,或是绝对女性化的教师,如表现为软弱忍让、多变、寡言、情绪波动等,都不利于教师顺利完成教育任务。五是要有良好的性格。教师良好的职业性格是乐观向上,热情奔放,热爱生活,勤奋工作,朝气蓬勃,活泼开朗,亲近平和,轻松幽默,切莫孤僻抑郁,心胸狭窄,冷若冰霜,愁眉苦脸,腼腆扭捏,萎靡不振等。六是要有良好的职业意识。良好的职业意识包括为人师表,廉洁从教,以身作则,辛勤工作,任劳任怨,爱岗敬业等。[①]

第二节 义务教育阶段教师的职业认同

一、教师职业认同的概念

教师职业认同是教师对其职业及内化的职业角色的积极的认知、

---

① 汪启国.教师意志品质的几种表现[J].学校党建与思想教育,2010(24):52.

体验和行为倾向的综合体,是教师个体的一种与职业有关的积极的态度,属于教师积极职业心理的研究领域。[①]教师职业认同就是教师对"应该成为什么样的教师"、"应该成为的教师形象"以及"我是否正在成为这样的教师"的感知、理解、接受和实现的过程。

职业认同是社会认同的一种特殊形式,是个体与职业具有一致性或从属于职业的知觉。当个体认同于职业时,其就倾向于将自己与职业联系起来,把职业的目标和价值观内化为自己的目标和价值观,职业的成功或失败就是自己的成功或失败。从事不同职业的个体对职业的认同感存在差异。教师职业认同是指教师对其职业及个体内化职业角色的积极认知、体验和行为倾向的综合体,是教师的个体经验与其所处的社会文化和制度环境之间相互作用的结果。教师职业具有较强的自我涉入性,研究教师职业心理特征对于促进教师的专业发展与提高教育教学质量很有必要。近年来,教师心理与教育研究者开始关注职业认同对教师专业发展及其生活状况的影响。[②]

宋广文和魏淑华认为,教师职业认同既是一种过程,也是一种状态。这里的"过程"是指教师职业认同是个体自我从自己的经历中逐渐发展、确认自己的教师角色的过程;"状态"是指教师职业认同是当下教师个体对自己所从事的教师职业的认同程度。[③]教师职业认同概念的核心是"认同"。通过文献分析发现,认同的基本含义与认同主体对认同客体的"认可""承认""接受""赞赏",主体与客体的"同一性""一致""符合"等相关。教师职业认同的主体是教师个体;教师职业认同的客体,包括"教师职业"和教师个体所内化的"职业角色"。

[①] 魏淑华. 教师职业认同研究 [D]. 西南大学博士学位论文,2008.

[②] 罗杰,周瑗,陈维,等. 教师职业认同与情感承诺的关系:工作满意度的中介作用 [J]. 心理发展与教育,2014,30(3):322-328.

[③] 宋光文,魏淑华. 影响教师职业认同的相关因素分析 [J]. 心理发展与教育,2006(1):80-86.

教师职业认同是一个由职业价值观、角色价值观、职业归属感、职业行为倾向4个因子构成的多维度结构。① 有研究者认为，教师职业认同的概念应从多样性和单一性、连续性和间断性、社会性和个体性3个方面进行建构。②

教师职业认同的研究具有重要的意义。教师职业认同是个体形成的对职业目标、职业的社会价值的知觉以及对教师职业的认同程度，受到教师个体因素以及社会环境、文化氛围、制度背景等因素的综合影响。③ 研究发现，教师对职业认同各方面的感知可能是制度变革和教育变革的基础，可能会有助于教师处理教育的变化，还可能会有助于教师与同事合作等。教师对职业认同的积极自我感知能够克服教师对恶劣工作条件的不满，强烈的职业认同会阻碍教师的离职倾向，即使教师工作的团体受到相当大的批判；教师的职业认同与教师的工作压力水平、离开工作场所的意愿和离开职业的意图之间有负相关。④ 另有研究发现，教师职业认同与教师价值观、工作满意度、幸福感存在显著正相关，教师职业认同与工作倦怠和离职意向之间存在显著负相关，工作满意度是影响离职意向的中介变量。⑤

杨惠兰等认为，教师的职业认同是专业发展的心理基础，对教师专业发展有着多方面的影响。首先，教师职业认同感能够影响教师对于工作的满意程度。教师职业认同感越强，对规范的内化程度、职

---

① 魏淑华，宋广文，张大均. 我国中小学教师职业认同的结构与量表. 教师教育研究，2013. 25（1）：55-60.

② Akkerman S F, Meijer P C. A dialogical approach to conceptualizing teacher identity [J]. Teaching and Teacher Education, 2010（10）：1-12.

③ Allen N J, Meyer J P. The measurement and antecedents of affective, continuance and normative commitment to the organization[J]. Journal of Occupational Psychology, 1990, 63（1）：1-18.

④ 魏淑华，宋广文，张大均. 我国中小学教师职业认同的结构与量表 [J]. 教师教育研究，2013, 25（1）：55-60.

⑤ 梁进龙，崔新玲. 中小学教师职业认同现状调查与分析 [J]. 河北科技师范学院学报（社会科学版），2011, 10（4）：120-124.

业的投入程度也会越高；他们对于工作的满意感越强，工作积极性也会更高。其次，职业认同感影响教师的效能感。一名职业认同感强的教师，会忽略由不良工作条件所带来的不快。然后，职业认同感影响教师职业倦怠感。教师职业认同感取决于教师的扮演的多种社会角色之间的关系，角色之间的协调性越好，认同感越强。最后，教师职业认同感能够影响教师工作压力，研究发现，教师职业认同感能够显著预测教师离职倾向。[①]

教师职业认同是教师在内心里接受自己从事的职业，认识到该职业所具有的价值和意义，发自内心地喜欢自己从事的职业，将职业规范内化到工作行动之中。所以说，教师职业认同既是一种积极的认知，更是一种积极的情感和行为及行为倾向的体验，是教师对其职业的一种积极态度。

二、义务教育阶段教师职业认同发展的阶段

研究者认为，小学教师职业认同的发展阶段可以分为3个阶段6个时期，作者分析了小学教师职业认同的阶段及其发展特点、发展任务和主要影响因素。

（一）职前阶段

这是职业目标的形成阶段，也是教师职业认同形成的重要时期。有研究表明，准教师们实习阶段的经验和在师范院校学习的经历影响了他们的教师认同的形成。[②] 这个阶段又可以分为职业朦胧期与职业初定期。

---

① 杨惠兰，展宁宁，陈京军，等. 中小学教师胜任力、职业认同与专业发展的关系 [J]. 社会心理科学，2015（1）：35-44.

② Samuel S Stephens D. Critical dialogues withself：Developing teacher identities and roles － A case study of South Africa[J]. International Journal of Educational Sesearch，2000，33（5）：475-491.

1. 职业朦胧期

职业朦胧期亦可称为前职业认同期。在此时期，作为可能的未来教师的师范院校学生开始形成朦胧的职业认同。由于还没有真正进入教师队伍，这种职业认同只能被称为前职业认同。

（1）职业朦胧期的发展特点

职业朦胧期的发展特点如下。一是对教师职业认识不清晰。读大学之前，学生站在自身角度对教师的职业角色、职业地位有了初步的认识。通过学校的教育教学情境，通过师生的经常性的、长期的互动，学生在自己心目中初步了解教师职业角色的职责是"传道、授业、解惑"。但是，学生不能体会到教师的作为学习者和反思者的角色。此外，学生也会通过家庭、朋友和媒体等渠道逐步了解作为职业的教师的经济地位、社会地位和社会声望等情况。但作为学生身份的年轻人对于教师职业的整体状况认识是肤浅和片面的。二是情感朴素化。准教师在自己的学生时代的各个学段逐步建立了教师职业情感。这种情感的性质有两种：如果个体在学校能得到老师与同学的支持与帮助，不断取得学业成就，不断得到认可与肯定，就容易形成对教师与教育专业的积极情感。而如果个体在学校较少得到老师与同学的支持，经常体会到学习挫折感，不断得到负面性的评价，则容易形成对教师及教育专业的消极情感。因此，校园环境中的情感体验与经历会直接影响个体未来对教师职业的情感态度。三是职业选择的倾向不明显。中小学生知识有限，能力不足，社会经验欠缺，人生理想还不确定或者说还不明确，人生观、价值观和世界观均不确定，身心的可塑性与波动性都很大。他们对自己的人生方向仍处于不断的探索中。即使对于教师职业感兴趣的个体，未来也未必会选择教师这个职业。

（2）职业朦胧期的发展任务

职业朦胧期的发展任务是帮助个体认识和了解教师角色和专业定位，形成对于教师职业的积极情感，确定师范专业的人生发展趋向，是个体在职业朦胧期的主要发展任务。对于培养师范生的院校而言，其应尽早进入中小学校园中进行师范专业与教师职业知识的宣传，使更多的优秀学子认识师范专业，认同教师职业，选择师范专业。

（3）职业朦胧期的影响因素

职业朦胧期的影响因素包括：第一，学校体验。在前职业认同期，影响个体教师职业认同的个体因素为学生时代的学校经验。作为学生，个体从幼儿园及中小学初步获取教师职业领域的认知经验、初步积累相应的情感体验，形成一定的教师职业决策的倾向性。研究发现，儿童时的学校经验影响了个体教师职业认同的形成。第二，教师影响。重要个人或重要事件会影响个体对教师职业的态度。有研究表明，多数准教师提到了他们所钦佩的教师影响了他们对教师职业生涯的选择，那些教师及其教学对准教师了解教师角色和教学意义起着榜样示范作用。[1] 此外，影响该时期个体形成朦胧教师职业认同的重要因素还包括有从事教师行业的父母、亲朋好友等，他们的角色模范对个体对教师职业的态度具有重要意义。职业朦胧期的个体对教师的职业态度还受到其他因素的影响，如被赏识教学方式所吸引。

2. 职业初定期

职业初定期又可称为职业准备期。此时，准教师已经在大学选择师范专业就读，初步确定了教师的人生发展方向，并为之在做各种知识技能与情感态度的准备工作。

---

[1] Koster B，Korthagen F A J，Schrijnemakers H G M.(1995). Between entry and exit：How student teachers change their educational values under the influence of teacher education. In Buffet F，Tschoumy J A (Eds.). Choc democratique et formation des enseignantsen Europe[M]. Lyon：Presses Universitaires de Lyon，1995：156-168.

（1）职业初定期的发展特点

职业初定期的发展特点表现为：第一，认知肤浅化。很多师范生对今后从事的教师职业认知还比较肤浅，甚至模糊不清。他们对教师这个职业所需要的各种素养，如教学知识与技能、课堂管理能力、相应的教育理念等认识不清，认为这些是到工作岗位上去逐步习的。第二，情感理想化。师范生往往对于其未来从事的教师职业充满着美好的理想。一项对师范生的职业认同的研究显示，师范生在教师职业认同的职业情感、职业意志、职业价值观维度得分均高于在职教师相应维度得分。而"自我价值实现的需要"入学动机为师范生专业选择的主要动机，占比高达 41.6%。① 这些研究均表明，师范生对于教师职业具有理想化的情感倾向。第三，目标初步确定。师范生对于未来的发展方向已基本确定。薄艳玲在对师范生职业认同的影响因素研究中，发现师范生职业意志得分在职业认同各项维度中得分最高，为 3.89 分（总分 5 分），远高于在职教师的 2.7 分。这表明，多数师范生在未来的就业中倾向于对教师职业的选择。①

（2）职业初定期的发展任务

对于师范生来说，正确认识教师角色和初步确定职业目标，以及形成教育理想是其职业认同发展的职业初定阶段的主要发展任务。师范教育阶段是师范生形成专业认同的关键时期，他们正是通过师范教育阶段的学习与观察来逐渐构建自身对教师这一职业的理想与信念的。因此，师范院校应通过挖掘教育类专业课程和开展系列专业思想教育活动，帮助师范生形成正确的教育观、学生观和教师观，深化师范生对教师职业及其意义的理解。②

---

① 薄艳玲. 师范生教师职业认同影响因素实证研究 [J]. 湖南第一师范学院学报，2009，9（3）：51-54.
② 颜忠军. 生态取向的教师学习观与师范生学习指导策略 [J]. 教育探索，2012，258（12）：11-13.

(3) 职业初定期的制约因素

职业初定期的制约因素包括：①入学动机。个体在进入大学时，其具体的入学动机会影响其教师职业认同感。马宏宇等考察了师范生入学动机与其职业认同的关系。其中，入学动机分为个体特性（由于喜爱且适合从教而选择师范专业）、社会激励（由于国家政策及社会舆论而选择师范专业）、就业职业因素（由于工作稳定、福利待遇不错等职业特点而选择师范专业）以及他人影响（由于受到家人、师长或同学的影响才选择师范专业）等四类。结果显示，不同入学动机师范生的教师职业认同之间存在显著差异。其中，个体特性入学动机者的职业认同水平最高，其次为社会激励入学动机者，再次为就业职业因素动机者，最低为他人影响入学动机者。[①] ②专业学习及实践。专业学习及教育见习与实习经验，也影响了其对教师职业决策的坚定性。如果师范生能在学习与教学实习中不断获取成功，就容易增强其职业认同感；反之，则会削弱其职业认同感，动摇其教师职业决策。研究者分析了小教专业师范生的教学自我效能感与其教师职业认同的关系，发现教学效能感能显著预测教师职业认同，教学效能越强，师范生的职业认同则强，反之则弱。而个体自我效能感的获得的最重要来源就是其在领域任务中的成功经验。因此，师范生在学习与教学实践中能否取得成功，能否体味成就的愉悦感，对于其教师职业认同具有重要的影响。③社会环境。与此同时，包括重要他人、家庭环境及制度政策等社会环境因素也对师范生的职业认同起着重要影响。封子奇等通过问卷调查考察了免费师范生职业认同的影响因素。结果显示，政策和重要他人等环境因素对免费师范生的教师职业认同具有显著影响，而大学环境与社会舆论等环境因素则对其职业认同影响甚

---

① 马红宇，蔡宇轩，唐汉瑛，等. 师范生教师职业认同的内在结构与特点 [J]；教师教育研究，2013，25（1）：49-54.

微。这表明，免费师范生对教师职业的认同受到了政府政策（学费减免、生活补助）的吸引。教师、毕业学长、家长等重要他人的支持，以及教师与学长的榜样示范作用，都会对师范生形成对教师职业的积极态度。① 研究表明，家庭环境是影响个体职业认同感形成的重要因素。例如，有研究者将家庭关系模式分为融洽、表现、冲突、好交际及理想化等类型，结果发现，成长于表现型家庭关系的个体职业认同水平较高，而成长于冲突型家庭中的个体职业认同水平较低。②

（二）入职期

入职期是职业目标的坚定阶段。该时期是教师职业认同形成的关键期。该时期可分为职业初入期和职业适应期。张寿松通过教师的职业认同关键期进行分析，结果表明，多数教师职业认同的关键时段是从教后的 1～5 年，其次是从教后的 6～10 年，另有近 1/3 的普通教师未形成职业认同，对教师职业没有兴趣。③

1. 职业初入期又称为职业新手期

（1）该阶段的发展特点

第一，认知冲突化。新教师在进入教育岗位后会遇到"现实冲击"，即发现自己教师的角色和地位与入职前的期望具有很大的反差，发现实际的教学与理想中教学大相径庭，学生并非有新教师想象中的那般对学习积极主动，老教师也并不能与之经常一起讨论和交流经验。④ 第二，情感焦虑化。初上讲台的新手教师在面对角色转化（从

---

① 封子奇，姜宇，杜艳婷，等. 免费师范生教师职业认同及其影响因素研究 [J]. 河北师范大学学报（教育科学版），2010，12（7）：69-75.

② 高艳，乔志宏，宋慧婷. 职业认同研究现状与展望 [J]. 北京师范大学学报（社会科学版），2011（4）：47-53.

③ 张寿松. 特级教师与普通教师职业认同的比较研究 [J]. 教育理论与实践，2011（11）：34-36.

④ 许明，黄雪娜. 从入职培训看美国新教师的专业成长 [J]. 教育科学，2002，18（1）：51-55.

学生到教师)、角色期待(成为领导、学生、家长满意的教师)和角色胜任(很好地完成教学目标)时,面临着职业危机。因此,他们普遍有一种不能掌握命运的焦虑感。教师职业生涯的前几年是他们从事教学专业工作的关键适应期和影响他们职业倾向的关键期。此时,他们在教学中缺乏胜任感,常感到力不从心,并承受巨大的压力与焦虑感。第三,倾向波动化。此时,现实和理想的巨大差异,以及角色期待和角色胜任引起的焦虑情绪,导致个体对于未来的职业方向产生波动。一位新手教师在接受访谈时表示,她感到学校工作压力太大,工作任务太繁重,打算回家乡去发展。

(2) 职业初入期的发展任务

处于职业初入期的新手教师来说,该阶段职业认同的主要发展任务为稳定职业情绪。由于缺乏教学经验,新手教师在教学组织和课堂管理中往往面临困境,他们往往容易产生职业胜任与否的压力感与焦虑感,角色理想和现实的差异性则加剧了新手教师的压力感与焦虑感。组织支持和指导的帮助对于新手教师缓解焦虑的紧张情绪与形成积极的自我非常重要。有研究表明,组织支持对于新手教师的职业认同作用显著,并且在其核心自我评价与职业认同之间起着调节作用。换言之,新手教师在面对困境与挫折时,容易形成低核心自我评价,而组织的支持与帮助可缓冲其低核心自我评价对职业认同的冲击作用。

(3) 职业初入期的制约因素

第一,职业价值观。中小学教师的职业价值观影响着其职业认同的形成。研究显示,职业价值观的利他奉献和地位声望是影响中小学教师们的职业认同的两个重要因素,这表明职业倾向的内在动力和外部动力均对中小学教师的职业认同形成起着重要的影响。第二,职业效能感。孙利考察了教师的教学效能感与其职业认同的关系。结果发现，教师的教学效能感与其职业认同呈现显著的中等程度的正相关，教学效能感能有效预测职业认同水平。教学效能感的主要来源于其成败经验与情绪唤醒。①刘秋颖和苏彦捷的研究显示，初次就业个体的职业认同获得与其直接经验与整合经验有密切关系。②在此时期，新手教师面临从学生到教师的角色过渡的压力，体会到对自己能否掌控课堂及胜任工作的紧张与焦虑感。因此，此时的成败经验，即能否尽快进入教师角色，熟悉教学内容，掌控课堂环境，赢得领导和同事的认可，将影响新手教师对教师职业的态度。第二，重要他人及组织支持。此时的重要他人主要指对新手教师指导的帮带老师。对于为新手教师，学校一般会配备一名优秀骨干教师对其进行帮带。如果帮带老师认真负责，对其进行悉心指导，则可以帮助其克服入职时期的焦虑与无助感，顺利熟悉课堂教学与课堂管理工作。但如果帮带老师不耐心指导，则可能增强其职场焦虑感。研究者通过个案研究也发现，帮带老师对于新手教师的工作效能感及职业认同有着重要的作用。③

2. 职业适应期

职业适应期也称为职业熟手期，此时教师已经熟悉了课堂教学与管理，能比较自如地完成教学目标和任务，职业胜任感比较强。

（1）职业适应期的发展特点

职业适应期的发展特点为：首先，认知深入化。相比新手教师而言，熟手教师对于教师的角色理解更深刻和全面。他们认为，教师的角色不仅是教学的设计者、信息的提供源、课堂的组织管理者，还是学生学习的指导者和促进者。④此外，他们还能根据不同情境灵活

---

① 孙利. 教师的职业认同、教学效能感与工作倦怠的关系 [J]. 教学与管理，2011（36）：46-49.
② 刘秋颖，苏彦捷. 初次就业个体的职业认同获得及其相关因素 [J]. 北京大学学报（自然科学版），2007，43（2）：257-264.
③ 周小青. 新任教师专业认同研究 [D]. 华东师范大学硕士学位论文，2011.
④ 陈琦，刘儒德. 当代教育心理学（第2版）[M]. 北京：北京师范大学出版社，2007.

转换自己的角色。例如在面对低学习水平者时，熟手教师为学习指导者和辅导者，而在面对中高水平学习者时，他们便成为促进者和引导者。其次，情感特质化。进入熟手期的教师们能很好地把握和掌控课堂，因此，其职业效能感往往比较强，自尊感也较之新手教师们有了很大的提升，其情绪稳定性也大大增强，对于教学更多是一种内控特质。总之，熟手教师的情感逐渐内化成为一种个体特质——核心自我评价。核心自我评价是个体有关自我评价的一种核心人格特质，包括一般自我效能感、自尊感、内控性和情绪稳定性等。最后，倾向稳定化。课堂驾驭能力的提升使得熟手教师的自我认同度增强，这又坚定了他们对于职业的选择。研究者认为，个体的职业认同与其自我认同是同时发展与相互促进的。换而言之，个体自我认同的发展会促进其职业认同的发展，反之亦然。

（2）职业适应期的发展任务

从纵向发展上看，个体对于自身的成长比较认可和满意，则教师开始转向从横向发展的角度来了解自己的发展状况。从现实而言，与公务员和许多其他事业单位人员相比，教师的收入水平并不算高，甚至还有一定的差距。此时，熟手教师容易产生一种无奈的挫折感，而这容易削弱其的职业认同感。因此，形成健康职业价值观就成为熟手教师职业认同的主要发展任务。

（3）职业适应期的制约因素

职业适应期的制约因素包括：①人格特质。人格特质是影响此阶段职业认同发展的重要因素。其中，核心自我评价是一包含自我效能、自尊感、情绪稳定性与控制点等在内的高阶核心人格特质。它不仅直接影响中小学教师的职业认同，同时也通过工作价值观影响其职业认同。熟手教师除了具有积极的核心自我评价外，还具有随和、宽容、乐群、关心他人等人格特点。他们开始从关注课堂转向关注学生，课堂的有效性与师生关系的融洽性都得到提高。由于核心自我评价的提高，与学生关系的融洽以及对课堂有效性的提升，都促进了熟手教师对自我及职业积极情绪的发展，从而增强了熟手教师的职业认同感。②学校文化。熟手教师的职业认同与学校文化有着密切联系。有学者认为，学校通过规定教师们如何想和如何做的文化剧本与教师的认同发生联系。研究发现，对学校文化和领导的感知在教师们的职业认同形成中起着重要作用。教师中的竞争、教学的标准化、管理的官僚化和存在的潜规则等消极地影响着教师对职业的态度。许多教师在进入学校时，倾向于策略性妥协，顺从学校规则和价值，即便自己内心并不认同这些规则和价值。而在和谐的学校文化中，鼓励性和民主性的领导更能使得教师获得成长、体会成功、体会和谐的同事关系，因此更倾向对教学及教师职业产生积极的态度。①

（三）职业成熟期

职业成熟期是教师职业理想的实现阶段。这个时期是教师能否将教师职业事业化的关键。张寿松通过对 111 名特级教师和 160 名普通教师的职业认同状况、职业认同关键期进行比较。结果发现，职业的前 10 年，尤其是前 5 年是职业认同形成的关键期，此后其对教师职业的兴趣基本定型，此时已很难改变教师的职业态度。①该时期包括职业高原期与职业稳定期。

1. 职业高原期

职业高原期又称为职业停滞期。

---

① 张寿松. 特级教师与普通教师职业认同的比较研究 [J]. 教育理论与实践，2011（11）：34-36.

(1) 职业高原期的发展特点

教师成为熟手后，往往要经历发展的瓶颈期——职业高原期。此时，其职位晋升、工作技能、职称提升等均相对停滞。寇冬泉对中小学教师职业高原期现象进行调查，发现 11～15 年教龄教师的职业高原期现象最强，而 1～2 年教龄的新手教师最弱。[①]其特点具体表现为：第一，认知迷茫性。教师此时的知识技能已经达到熟练阶段，不知如何进一步提升自己；职称已达到高级教师，很难进一步发展，而且感觉获得职位晋升的可能性微乎其微。因此，教师丧失了不断奋斗的新目标。由于缺乏工作目标，其感觉非常迷茫。久而久之，处于职业高原期的中小学教师形成对职业的负性认知图式，对职业产生负性的认识偏向。第二，情感消极性。教师对于现状持悲观消极的情绪态度，认为无论怎么努力，职称与职位不可能有什么晋升，技能不可能有什么发展了。为此，教师仅将教师职业当成谋生的手段，导致教师职业的单调与重复性。随之，教师对于工作逐渐产生倦怠感，情绪比较萎靡甚至抑郁，对于新鲜事物失去兴趣。[②]第三，倾向波动性。职业高原降低了教师的工作卷入度，增加了其离职率。研究者认为，缺乏晋升的可能性给职业高原者带来的失望感，这使得他们将更多的时间和精力投入到工作外的生活中以寻求补偿，从而减少对本职工作的投入。同时，缺乏工作激情以及日益加重的职业倦怠感使得不少处于职业高原期的中小学教师有了离职的倾向，甚至付诸行动。有研究发现，在控制人口统计学变量后，职业高原期对个体离职意愿产生了显著的负向影响。[③]

[①] 寇冬泉. 教师职业生涯高原研究 [M]. 北京：科学出版社，2012.
[②] 陈鸿飞，李爱梅，凌文辁. 面对职业高原该怎么办 [J]. 中国人力资源开发，2005（6）：31-33.
[③] 谢宝国，龙立荣. 职业生涯高原对员工工作满意度、组织承诺、离职意愿的影响 [J]. 心理学报，2008，40（8）：927-938.

(2) 职业高原期的发展任务

处于职业高原期的中小学教师,其职业认同的发展任务主要为确定发展新目标,寻找工作新激情。只有重新确定奋斗方向,教师才可能发展成为专家型教师,顺利实现自我。根据职业心理学家施恩(Schein)的职业生涯系留点理论,经过长期的职业实践后,中小学教师逐渐深入认识和了解自己的需要、动机、能力、价值观,进而形成其终身认定的奋斗方向,这就是职业生涯系留点。系留点可分为五类。①技术能力,即职业生涯核心是追求某一技术与能力的发展。②管理能力,即职业生涯核心是追求职位的发展。③安全与稳定,即职业生涯核心是寻求安稳的职位与稳定的前途。④自主性,即职业生涯核心是寻求工作和生活方式的自由自主。⑤创造力,即职业生涯核心是追求创新与进步。[①]中小学教师常常很难找准适合自己的系留点,因为他们的初始职业目标常常是基于个人美好愿望和对自己的模糊认识而设置的。教师必须通过长期实践,对自己的系留点不断加以检验和修正,才能最终确定自己的系留点,重新确定自己的奋斗目标,使之符合实际,成为可持续发展的动力。[②]

(3) 职业高原期的制约因素

第一,情绪智力。情绪智力是影响该阶段教师职业认同的主要因素。此时,若教师们不能正确面对职业发展停滞,认知上对之持消极态度,认为自己怀才不遇,学校领导不公正;行为上以酗酒、滥用药物等消极方式来解决,则会削弱自己的职业认同。第二,组织环境。此阶段的环境影响因素主要为学校组织制度与文化。关爱教师成

---

① 龙立荣,李晔. 职业生涯管理 [M]. 北京:中国纺织出版社,2003.
② 寇冬泉,张大均,黄技. 教师职业生涯高原现象的自我应对 [J]. 教育导刊,2008(9):43-45.

长、充满变化与创新、多样化激励的学校组织往往能使教师不断获得新知识，不断获得发展动力，不断获得发展激情，从而使之对组织产生认同，对职业产生认同。如果学校组织缺乏变化与创新，对教师的激励方式单一，只能使少部分人得到升迁或发展，这时教师会对学校组织缺乏认同，进而对教师职业产生认同动摇。

2. 职业稳定期

职业稳定期又称为职业专家期。

（1）处在职业稳定期的中小学教师的职业认同的特点

第一，认知丰富化。处在职业稳定期的中小学教师对于教师的角色已经有了丰富的认识和深入的理解。其认为，教师不仅是教学设计者、信息源、指导与促进者、组织与管理者、学习共同体的合作者，而且是反思与研究者以及终身学习者。第二，情感深沉化。研究者认为，专家型教师具有以下职业认同的情绪特征：首先，专家型教师对教师职业的情感卷入高，职业义务和责任感强。专家型教师热爱教师职业，对工作认真负责，不断追求教师事业的深层次价值，追求自我实现需要的满足。其次，专家型教师具有融洽的师生关系与强烈的职业成就感。与新手及熟手教师相比，专家型教师更能平等、耐心与热情地对待学生，师生关系融洽，能不断获得成功的反馈，得到各方面的认可，能不断获得成就体验。[1] 第三，倾向稳定化。由于教学经验的丰富，专家型教师对于教学具有很强的胜任感；由于各方的认可，专家型教师对自己的职业具有很强的自豪感；由于师生关系与同事关系的融洽，专家型教师对学校具有很强的归属感。因此，专家型教师对自己的职业产生积极的倾向和坚持性。

---

[1] 连榕.新手－熟手－专家型教师心理特征的比较[J].心理学报，2004，36（1）：44-52.

（2）职业稳定期的发展任务

对于专家型教师来说，此阶段的职业认同发展阶段是将自己对于职业的态度深刻内化为职业价值观，即将教师职业当成自己的事业来发展，而非谋生工具。客观而言，教师的工资待遇与银行职员、公务员等其他职业人士相比存在巨大差异。如果专家型教师看重的是待遇，而非从中获得的认可与满足感，那他们对教师职业仍可能抱有消极的态度。因此，教师将职业事业化，将之当成实现自身价值的方式，将有助于专家型教师队伍的稳定和发展。

（3）职业稳定期的制约因素

该阶段职业认同的影响因素主要为知识技能、人格特质等。专家型教师具有丰富的知识经验、娴熟的教学技能、批判的反思水平、敏锐的洞察能力、创造性解决问题能力，以及深沉的情绪状态、谦虚的人格品质。专家型教师对工作认真负责，对学生热情公平、对自己自信豁达，能在教学中体会到较高的成就感，能在工作中体会到较高的满足感，因此，其具有较强的职业认同感。

（四）对中小学教师专业成长的启示

教师职业认同对于每个教师来说是重要且必要的。教师只有从心底认同自己所从事的职业，才能够全身心地投入最大的热情与能量，才能够从职业中找到真正的成功与快乐，找到职业的成就感和幸福感。因此，要加强对教师的职业认同感的培养。

1. 重视师范生的选拔与培养

（1）要重视师范生在选拔中人格特质及职业价值观的调查了解

传统的师范生选拔过于注重职业潜能的评估，忽视与人格特质匹配性及职业价值观的测查与了解。人格的职业匹配性决定了个体的职业胜任的可能性，职业价值观决定了个体的职业发展的可能性，两者都会影响准教师对于未来教师职业的态度。在欧美国家和地区，对于准教师的这方面的考察非常重视。例如，美国马萨诸塞州大学师范学院将师范生候选人分成若干小组，用智力测验、游戏、专题讨论等形式考察考生的诸如自信心、幽默感、创造性、灵活性等人格特质及职业价值观，然后由专业教师集体讨论其进入师范学院的适合性。因此，应在师范生选拔过程中，加强对其人格特质的职业匹配性了解，以及对其入学动机与职业价值观的考察；严格限制职业人格不匹配者，以及过于注重物质领域等外在激励因素者进入准教师队伍。

（2）注重师范生在培养过程中的理论与实践的结合

师范院校的传统教学模式过于重理论而轻实践，导致师范生对于教学理论缺乏兴趣，并影响其对未来教师职业的态度。为此，可借鉴美国哈佛大学商学院的案例教学法，搜集和整理丰富的教育教学实践案例，以问题为中心，激励学生勤思考、巧学习。此类教学方式既可增强师范生的教学效能感，也可培养其对教师职业的兴趣感。此外，通过与实践学校的沟通，延长师范生的教育实践时间，增强其教学实践经验，也可帮助师范生形成良好的学生观和正确的专业观。

2. 重视教师的入职培训与在职继续培训

（1）切实加强新教师的入职培训

教师职业生涯的前几年是教师从事教学专业工作的关键适应期和影响教师职业倾向的关键期。有美国教育学者认为，"一个教师头几年的教学实践对他今后能够成就的效能水平有重要影响，对支配他以后40多年的教学生涯的教学态度有重要影响，而且决定他能否在教学领域持续教下去"[①]。因此，这就需要针对新教师在教学工作中

---

① Katz L G, Raths J. Six dilemmasin teacher education[J]. Journal of Teacher Education, 1992, 43 (5): 376-385.

出现的问题和困难，来找到帮助教师顺利有效地完成从新手向熟练教师过渡的途径。对于新入职的教师，可以通过老教师的帮扶、指导等方式，给新教师提供全方位的支持和帮助，使新教师尽快适应教师角色，尽快掌握教育和教学技能。另外，学校要通过制度安排、营造宽松民主氛围等环境和组织支持的方式，为教师提供情感支持和学校文化培训。

（2）重视熟手教师的继续学习

熟手教师发展过程中往往会遇到职业高原期，其能否发展为专家型教师，主要取决于个人的主观努力和组织对教师的持续培养。要突破职业高原期的束缚，顺利从熟手教师发展为专家型教师，一个重要的方法就是引导教师积极参与教学研究，特别是教学行动研究。苏霍姆林斯基指出，教师要由每天单调乏味的生活走向教育的幸福之路，唯一的办法就是走上研究之路。行动研究的目的不是寻找规律或者建构理论，而是通过教学行动研究，解决教育实践问题，以提高教育教学实践的质量。[①] 因此，专家型教师对教育教学工作的研究是问题导向的，是以直接解决问题，提高教育教学效率为目的的。当教师潜心研究自己的业务，成为某个业务岗位的思考者、研究者而不是一个单纯的执行者的时候，会激发自己崇高的职业责任感、职业荣誉感、幸福感和职业认同感。熟手教师发展为专家型教师的一个重要条件是，作为教师所在组织的学校要为教师的可持续发展提供各种支持性的条件，特别是要营造良好的学校文化环境，建设有利于教师快速发展的体制机制，在继续教育、评价体系、奖励体系、晋升体系、服务体系等制度的设计时，充分考虑教师发展的需要，激励教师全力以赴投入到自己的业务研究中，促进教师的持续成长。只有教师获得持续的发展，才能促使其爱岗敬业，奉献于教师职业。[①]

---

① 杨玲. 中小学教师职业认同的阶段发展论 [J]. 教师教育研究，2014，26（2）：56-64.

三、义务教育阶段教师的职业认同现状

（一）研究工具的创制

为了对中小学教师的职业认同情况进行客观测量，研究者编制了相应的测量工具。有研究者采用理论探讨与实证检验相结合的方法，建构了教师职业认同的结构并研发了中小学教师职业认同的测验量表。研究结果表明，教师职业认同是一个由职业价值观、角色价值观、职业归属感、职业行为倾向四个因素构成的多维度结构，以此为基础编制的《中小学教师职业认同量表》具有较好的信度和效度，可以作为测量我国中小学教师职业认同的工具。[①]

孙利和佐斌在国内外已有的研究基础上，结合访谈，编制了《中小学教师职业认同问卷》。经过对517名中小学教师预测和另外817名中小学教师正式施测，采用探索性因素分析和验证性因素分析对问卷进行分析，结果表明，编制的中小学教师职业认同量表包含17个项目，分属于3个维度，即职业认知、职业情感、职业价值。该问卷具有较好的信效度，可用于测量一线中小学教师的职业认同状况。[②]

有研究者在分析了教师职业认同的心理要素基础上，编制了《中小学教师职业认同量表》并测量了1081名中小学教师，对理论模型进行检验，经探索性因素分析和验证性因素分析，研究结果表明，中小学教师职业认同的构成要素包括角色概念、职业价值、职业自豪感和职业自尊等4个因素，自编的《中小学教师职业认同量表》具有良好的信度和效度，符合心理测量学的要求。[③]

[①] 魏淑华，宋广文，张大均. 我国中小学教师职业认同的结构与量表[J]. 教师教育研究，2013，25（1）：55-60.

[②] 孙利，佐斌. 中小学教师职业认同的结构与测量[J]. 教育研究与实验，2010（5）：80-84.

[③] 李晔，董英，袁晶，等. 中小学教师职业认同的要素与测量[J]. 心理研究，2013，6（1）：87-92.

（二）关于中小学教师职业认同的研究

1. 城乡中小学教师职业认同的现状及其比较

职业认同与教师的工作地区有一定的关系，因此，研究者调查了城乡中小学教师的职业认同感，有的研究调查了欠发达地区教师的职业认同感。比如，有调查显示，四川省农村中小学教师的职业责任感较强，但职业认同度不高；教师的职业认同在性别、年龄、学历、任教学科上差异明显。调查者认为，这样的结果主要是因为教师的职业认同受到职业认识、职业责任、职业满意度、职业压力等因素的综合影响。[①] 但是，该调查似乎缺乏与同类地区城市中小学教师职业认同感的比较，其可靠性存疑。我们推测，即使城乡中小学教师在职业认同感方面存在显著差异，可能的原因不是地域的差别，而是城乡教师的待遇、生活条件等的差异。

有研究发现，中小学教师的职业认同状况并不是非常理想。中小学教师对自己的收入和社会声誉、社会地位等也表示不满意。这些认知和情绪影响到教师的工作情绪和工作质量。通过城乡中小学教师的比较发现，城市中小学教师的职业认同在整体上高于农村，除了职业发展维度略低于农村中小学教师外，其余维度均高于农村中小学教师的认同度。另外，在性别、年龄、学历、职称、教龄、是否担任行政工作等人口统计变量上也呈现城乡显著差异。[②]

研究者调查了辽宁省 23 所城乡中小学校共 1544 名教师，探讨城乡教师的职业认同差异。结果发现，辽宁省城乡中小学教师职业认同的总体水平较高；城乡中小学教师的职业认同存在较大差异，除了职业情感，农村教师在物质保障、环境支持和发展机遇三个维度上的

---

① 李壮成. 农村中小学教师职业认同现状调查分析 [J]. 河北师范大学学报（教育科学版），2009，11（8）：86-90.

② 孙婷婷. 城乡中小学教师职业认同的比较研究 [D]. 西南大学硕士学位论文，2010.

得分明显低于城市教师。①

研究者运用自编的《中小学教师职业认同现状调查问卷》，调查了辽宁、黑龙江、江西三个省共500名中小学教师。结果发现，城市教师职业认同感得分高于农村教师；女教师职业认同感得分高于男教师；小学教师职业认同感得分高于中学教师；教龄5年以下教师在各个年龄段教师中职业认同度最高。②

研究者从职业认识、职业情感、职业期望、职业价值观、职业能力、对同事的认同、对学生的认同、对工作回报的认同等八个维度调查了哈尔滨市呼兰区中小学教师的职业认同情况。结果发现，教师职业认同存在性别差异；中学教师的职业认同高于小学教师的职业认同；城乡中小学教师的职业认同不存在显著差异。③

针对中小学教师的职业认同状况并不是很理想且城乡中小学教师存在的差距的状况，应从教师、管理和社会三个层面出发，采取多种措施，以缩小城乡中小学教师职业认同差距，实现城乡中小学教师职业认同整体提升。同时，要完善"以县为主"的农村教育管理体系，进一步加大对农村教育的资金投入力度，建立适当的农村教育补偿机制，加大农村教师的职业培训力度，加强农村学校的民主建设和领导监督机制。

2. 发达地区中小学教师职业认同的现状

有研究调查了上海市中小学教师职业认同的状况，从理念和现实操作层面对教师职业认同的特点、教师职业认同的人口统计变量差异、教师职业认同与心理健康的关系等方面进行细化研究。结果发现：①职业认同较高的教师比职业认同较低的教师对教师角色要求更

---

① 吴志华，徐宝玉，曹新安. 城乡教师职业认同差异及启示：基于辽宁省中小学教师的实证研究[J]. 教育测量与评价，2011（5）：9-12.
② 王淼. 中小学教师职业认同差异的调查与分析[D]. 辽宁师范大学硕士学位论文，2010.
③ 王宇琳. 中小学教师职业认同的调查研究[D]. 哈尔滨师范大学硕士学位论文，2016.

清晰、自身的角色要求与学校、与学生、与家长要求更一致、更加喜欢教师职业。职业认同较低的教师要比"高认同组"教师更加感受到职业的压力。"高认同组"教师和"一般认同组"教师在职业要求、职业的满意度、教师职业能否发挥个人才能上没有显著性差异。②在调查的10个教师职业角色中,"教师是文化的传播者""教师是学生学习能力的培养者""教师是学生人生的引路人"处于角色认同排序的前三位,"教师是专家""教师是教育家""教师是社区型的开放的教师"处于排序的后三位,其余"教师是教育教学的研究者""教师是学生的心理顾问""教师是课程的建设者和开发者"和"教师是学者"居中。③教师的职业认同在理念与实践操作可行性上有落差、脱节的现象,但在排序上基本一致。④教师所处的学校类型、教师性别和是否担任行政职务,在职业认同上存在显著差异。小学教师的职业认同要高于初中教师,初中教师的职业认同又高于高中教师。女教师的职业认同要高于男教师。学校行政领导的职业认同要高于普通教师。教师职业认同在年龄、职称、教龄上没有显示出统计意义上的差异。⑤教师职业认同与教师心理健康水平有非常显著的相关,教师对职业认同状况影响到教师的心理健康水平,提高教师对职业认同有助于促进教师的心理健康。①

3. 边远或欠发达地区中小学教师职业认同的现状

目前关于教师职业认同国内研究对象多集中在内地大中小城市及农村的教师,对少数民族地区少数民族教师的相关研究比较少。针对中小学教师职业认同的现状,有研究者研究了西藏中小学教师职业认同的现状。通过采用魏淑华编制的《教师职业认同问卷》和《教师离职意向问卷》、冯伯麟编制的《教师工作满意度问卷》,对414名藏

---

① 沈之菲. 新课程背景下上海市中小学教师职业角色认同的研究[D]. 华东师范大学硕士学位论文,2004.

族中小学教师进行了问卷调查，了解藏族中小学教师职业认同、工作满意度及离职意向状况，并分析职业认同的影响因素。结果表明，藏族中小学教师职业认同总体水平较高，藏族中小学教师职业价值感高于内地教师，职业归属感和职业行为倾向低于内地教师；藏族中小学教师职业认同受教龄、学校所在地、学历和职称的影响；藏族中小学教师整体工作满意度较高，各维度中自我实现得分最高，其次是同事关系和领导关系，而工资收入和工作强度得分相对较低；藏族中小学教师的工作满意度受性别、学历、教龄、职称、职务、学校所在地、所教科目的影响；藏族中小学教师离职意向总体较低，部分教师存在调校意向；不同教龄和学校所在地的教师其离职意向存在显著差异，教龄为4～6年的教师的换职意向高于1～3年和10年以上教龄的教师，乡镇的教师调校意向高于市地区和县城的教师；藏族教师职业认同对其离职意向具有间接负效应，即藏族教师的职业认同度越高，离职的概率越低；藏族教师的职业认同是通过工作满意度来影响离职意向，即职业认同度高的教师对自己的工作的满意度也较高，而工作满意度会影响离职意向，因此藏族教师不会轻易产生离职意向或形成离职行为。基于西藏文化背景和教育实际的关于藏族中小学教师职业认同状况的调查分析，对于了解西藏一线教师工作生活现状，促进教师个人的身心健康发展、学校的管理工作以及社会发展都有着重要的意义。[1]

李超用问卷调查法研究了伊通满族自治县的92名农村中小学教师。[2]研究发现，农村中小学教师职业认同的水平较低，教师职业认同在性别、年龄、学历等方面存在显著差异。

颜胜来采用问卷调查法和访谈法研究了作为广东欠发达地区的

---

[1] 马慧芳. 西藏藏族中小学教师职业认同研究 [D]. 西藏大学硕士学位论文，2013.
[2] 李超. 农村中小学教师职业认同调查研究 [J]. 佳木斯职业学院学报，2013（11）：32-33.

湛江农村中小学教师的职业认同现状。①结果发现，该地区农村中小学教师的职业认同感比较低。

程岭调查了西部农村中小学教师职业认同现状，并分析了形成的原因。该研究选取甘肃省东南部某县作为个案，进行了为期10天的实地调查研究。通过对11所中小学的414名教师的访谈和问卷调查，结合实地观察，结果发现，该县中小学教师职业认同整体上处于中等水平，教师之间存在一定差异。在职业认同的得分上，女教师高于男教师，领导高于一般教师，班主任高于非班主任，转行来的教师低于一直做教师的；从年龄上来看，31～40岁最高，41～50岁最低；从教龄上来看，3～10年最高，30年以上最低；从年级及学校类别来看，初中教师高于小学教师，小学教师高于高中教师。从工资水平上来看，1500～2000元的最高，2001～2500元的最低；从课节数来看，20节以上的最高，5节以下的最低；从教师资格证上看，初中最高，高中最低；从教师类别上来看，代课教师最高，公办教师和支教教师低；从学历上来看，学历越高认同度越低；且学校级别与认同度成正比；从学科上来看，英语教师最高，理科教师最低。②

从影响因素上来看，由量化分析得出，对该县的农村中小学教师职业认同影响较大的因素，由大到小依次是职业价值、职业倦怠、工作积极性、个体知识与信念、微观政治；由质性分析发现，对当地教师职业认同影响较大的一个因素是领导风格。作者认为，可从以下几个方面着手提高农村中小学教师的职业认同。

1）教师要提高自我认识，更新教育观念，提高自我的专业标准，不断地反思与交流，保持追求卓越的信念，并做好信念与行为之

---

① 颜胜来. 广东省欠发达地区农村中小学教师职业认同研究：以湛江地区为例[D]. 广西师范大学硕士学位论文, 2015.

② 程岭. 西部农村中小学教师职业认同现状及其影响因素研究：以甘肃省C县为例[D]. 西北师范大学硕士学位论文, 2012.

间的衔接工作。

2）对学校来说，其主要包括通过提高教师的工作生活质量来提高教师的职业认同；并借助于本校学习的契机，促进教师间的交流与合作；通过优化学校组织气氛和组织文化来促进教师职业认同。

3）对政府和教育主管部门，建议改革以校为本的教师管理体制，为提高教师的职业认同建立制度平台；为教师的专业发展提供得力的支持系统；精心设计合适的教师培训课程模块和内容，为教师职业认同提供外在助力。[1]

有研究采用李晔编制的《中小学教师职业认同问卷》对广西地区的中小学特岗教师进行调查。结果表明，中小学特岗教师的职业认同处于中等偏上水平；在角色认识、职业价值、职业自豪感、职业自尊等四因素中，职业自豪感得分最低。[2]

农村中小学教师职业认同有待进一步提升，应该采取相应措施来增强农村中小学教师的职业认同感，以便提高农村中小学教师队伍的整体素质。

四、教师职业认同与其他心理因素的关系

中小学教师的职业认同作为教师对自己职业的认识和态度，与其他心理因素之间有密切联系。高水平的职业认同可以极大地影响教师的工作热情，影响其绩效，也影响其幸福感等。提高中小学教师的职业认同感，使其热爱教师职业，潜心研究教学业务，成为专家型的教师，可以大大提高整个教师队伍的水平。因此，中小学教师的职业认同与其他心理因素之间的关系问题受到了学界的关注。

---

[1] 程岭. 西部农村中小学教师职业认同现状及其影响因素研究：以甘肃省C县为例[D]. 西北师范大学硕士学位论文，2012.

[2] 张传月. 中小学特岗教师职业认同现状调查研究[J]. 教育导刊，2016（10）：74-77.

(一)职业认同与工作满意度和情感承诺的关系

研究者采用《教师职业认同量表》、《工作满意度量表》和《情感承诺问卷》,考察了234名中学教师职业认同与情感承诺的关系,结果表明,职业认同、工作满意度和情感承诺均呈正相关;教师的职业认同水平既可以正向显著地直接预测其情感承诺水平,也可以通过工作满意度这一中介变量间接地预测其情感承诺水平。[①]

(二)职业认同与主观幸福感的关系

为了考察中小学教师组织认同、职业认同与主观幸福感的关系,以316名中小学教师为研究对象,采用组织认同量表、职业认同量表和总体主观幸福感量表进行调查研究。结果发现,组织认同、职业认同与主观幸福感三者之间呈显著正相关。组织认同对职业认同具有显著正相关,职业认同对主观幸福感呈显著正相关,职业认同在组织认同与主观幸福感的关系中起中介作用。[②]

有研究者以河南省455名中小学教师为被试,采用魏淑华编制的《教师职业认同量表》、吴宇驹和刘毅编制的《中小学教师情绪劳动问卷》中的情绪劳动策略部分、吕国光改编的《教师工作满意度量表》进行调查。结果发现,从总体上看,中小学教师的职业认同总体处于中等偏上水平;中小学教师职业认同在婚姻状况、教龄、所教学段和学校所在地上存在明显的差异;在性别和所教学科上差异不显著;除了角色价值观与表层行为相关不明显外,职业认同各维度均与情绪劳动策略各维度呈显著正相关;职业认同各维度均与工作满意度

[①] 罗杰,周瑗,陈维.教师职业认同与情感承诺的关系:工作满意度的中介作用[J].心理发展与教育,2014,30(3)322-328.

[②] 郭云贵.中小学教师组织认同、职业认同与主观幸福感的关系研究[J].北京教育学院学报(自然科学版),2016,11(3):1-5.

呈显著正相关；深层行为和自然行为均与工作满意度呈显著正相关，表层行为与工作满意度相关度较低。职业认同各维度对深层行为均具有显著的预测作用，职业归属感对表层行为具有显著的预测作用，除了职业价值观外，职业认同的其他3个维度对自然行为具有显著的预测作用；角色价值观和深层行为对工作满意度具有显著的正向预测作用；情绪劳动策略在职业认同与工作满意度间起部分中介作用，具体表现为深层行为在角色价值观与工作满意度间起部分中介作用。[1]

（三）职业认同与社会认同的关系

教师职业认同是教师对其职业及内化的职业角色的积极认知、体验和行为倾向的综合体，是教师个体的一种与职业有关的积极的态度。社会支持包括客观支持和主观支持。客观支持为客观的、可见的或实际的支持。主观支持是主观的、体验到的或情感上的支持，是个体在社会中受尊重、被支持和理解的情感体验的满意程度。中小学教师职业认同程度决定着社会支持的程度。[2]

有研究者利用自编的《中小学教师职业认同量表》、实验室实验和情景实验，分别对817名、65名和178名中小学教师进行了测量和实验。结果发现，教师职业认同由3个维度构成，包括职业认知、职业情感和职业价值。教师职业认同的内隐测量和外显测量在总体水平上具有一致性；抽样群体的中小学教师的职业认同处于中等偏上，其中职业认知＞职业情感＞职业价值；众多的人口学变量影响着教师的职业认同。职业认同在性别、学校级别、学历、教学科目、月收入水平、学校性质、是否班主任、教龄、职称等变量上存在差异。教学效能感、自尊、师生关系影响教师的职业认同，其中，教学效能感的

---

[1] 许敬杰.中小学教师职业认同、情绪劳动策略与工作满意度的关系[D].河南大学硕士学位论文，2016.
[2] 李春英，丛培江.中小学教师的职业认同与社会认同及其关联[J].教育探索，2011（3）：118-119.

预测力最大；职业认同可以预测工作投入、主观幸福感、工作倦怠，其中工作投入受到的影响最大。①

（四）职业认同与流动倾向间的关系

有研究者基于工作价值观、职业认同与流动倾向间的关系对农村中小学教师流动问题进行了实证研究。结果显示，不同人口学特征的农村中小学教师具有不同的工作价值观、职业认同和流动倾向；工作价值观是职业认同的前因变量，职业认同是流动倾向的前因变量，职业认同是工作价值观与流动倾向之间的中介变量；工作价值观对职业认同具有正向预测作用，职业认同对流动倾向具有负向预测作用；收入水平对工作价值观与职业认同、职业认同与流动倾向间的关系具有调节作用。②

研究还显示，农村中小学教师具有不同的工作价值观、职业认同和流动倾向；工作价值观是职业认同的前因变量；职业认同是流动倾向的前因变量，职业认同是工作价值观与流动倾向之间的中介变量；工作价值观对职业认同具有正向预测作用，职业认同对流动倾向具有负向预测作用；收入水平对工作价值观与职业认同、职业认同与流动倾向间的关系具有调节作用。②

（五）职业认同、自尊和幸福感的关系

研究者选取797名中小学教师，以魏淑华编制的《教师职业认同量表》、杨国枢等编制的《华人整体自尊量表》和约瑟夫（Stephen Joseph）等人编制的《抑郁—幸福量表》为研究工具，分析和探讨了中小学教师职业认同与自尊、幸福感的特点及其之间的关系。结果显

---

① 孙利. 中小学教师职业认同：测量、特征与关系模型 [D]. 华中师范大学博士学位论文，2011.

② 李恺，罗丹. 农村中小学教师流动问题实证考察：基于工作价值观、职业认同与流动倾向间关系的分析 [J]. 中国农村观察，2015（4）：83-94.

示，小学和中学教师的职业认同和自尊、幸福感整体水平上得分较高；教师职业认同与其自尊呈显著正相关，教师职业认同对其自尊具有显著的正向预测作用；教师职业认同与其幸福感呈显著正相关，教师职业认同对其幸福感具有显著的正向预测作用；教师职业认同中的角色价值观和职业行为倾向对幸福感的影响是通过自尊来实现的，自尊是角色价值观和职业行为倾向对幸福感影响的中介变量，起到完全中介作用。[①]

（六）职业认同和职业承诺的关系

通过对135名参加资格培训的教师进行的问卷调查发现，参加过资格培训的教师的职业承诺和职业认同水平较高，其中规范承诺水平最高，其次是情感承诺，而继续承诺较低；其职业价值观水平较高，其次是职业行为倾向，依次为角色价值观、职业归属感；不同教学年级的教师在情感承诺和角色价值观上存在显著差异，表现为高中教师在情感承诺水平和角色价值观水平上高于初中教师。[②]

（七）职业认同与人格的关系

有研究者探讨了中小学教师职业认同的特点、人格对教师职业认同的影响、教师职业认同的发展过程的特点以及与自尊、幸福感之间的关系。结果发现，我国中小学教师职业认同水平较高，在具体各维度上，教师职业价值观的得分最高，其次分别为职业行为倾向、职业归属感和角色价值观。中小学教师职业认同水平在性别、学校类型上存在显著差异：女性教师在职业认同上高于男性教师；小学教师在职业认同上高于中学教师；不同年龄和教龄教师都在职业归属感和职

---

① 梁进龙.中小学教师职业认同、自尊与幸福感的关系[C].全球教师教育峰会，2014.
② 安海燕，刘洪福.中小学教师职业承诺与职业认同的关系研究[J].中国成人教育，2011（7）：119-121.

业行为倾向上存在显著差异；中学教师在角色价值观、职业归属感和职业行为取向上存在显著差异。不同月收入水平的教师在职业归属感上存在显著差异。[①]

（八）职业认同与专业发展的关系

研究者采用《教师胜任力问卷》、《教师职业认同问卷》和《教师专业发展问卷》对 524 名中小学教师进行调查，考察中小学教师胜任力与专业发展的关系以及职业认同在在胜任力与专业发展之间的中介作用。结果表明，中小学教师胜任力与职业认同可以预测中小学教师专业发展，中小学教师职业认同在教师胜任力、教师专业发展之间起着部分中介作用。[②]

五、内隐职业认同与外显职业认同的关系

当代心理学的一个重要研究课题是研究内隐心理与外显心理之间的关系。有研究者采用内隐联想测验（implicit association test，IAT）测量免费师范生的内隐职业认同，目的是探究中小学教师是否存在内隐职业认同，及其与外显职业认同的关系。测量工具是《中小学教师职业认同问卷》（包括四个维度，即角色概念、职业价值、职业自尊和职业自豪感）和 IAT 程序（两个维度，即内隐教师职业情感和内隐教师职业自我概念）。研究对象为 88 名中小学教师（男教师 28 名，3 人没有标明性别；平均年龄为 33.76 岁；乡镇教师 42 名）。结果发现，教师的内隐职业情感认同与内隐职业自我概念认同相关显著；教师的内隐职业情感认同与外显职业自豪感的相关、教师的内隐

[①] 梁进龙. 中小学教师职业认同的特点及其与自尊、幸福感的关系研究 [D]. 西北师范大学硕士学位论文, 2012.

[②] 杨惠兰, 展宁宁, 陈京军, 等. 中小学教师胜任力、职业认同与专业发展的关系 [J]. 社会心理科学, 2015（1）: 35-44.

职业自我概念认同与外显职业认同的相关、教师的内隐职业认同与外显职业自豪感的相关均显著；在外显职业认同总分上，女性教师得分均数显著高于男性教师，且在职业自豪感维度上女性教师也显著高于男性教师，但是在内隐职业认同总分及其各维度上均不存在显著差异；乡镇教师的职业认同高于城市教师，在外显职业认同总分和角色概念与职业价值维度上，以及在内隐职业自我概念上，乡镇教师的得分均显著高于城市教师。①

第三节 义务教育阶段教师的职业倦怠

一、义务教育阶段教师的职业倦怠

职业倦怠（burnout）又称工作倦怠，是指在职业环境中对长期的情绪紧张源和人际关系紧张源的应激反应而表现出的一系列心理、生理综合征，是一种身心耗竭状态或是一种心理枯竭的现象。教育职业倦怠是职业倦怠在教育领域的延伸。教师是一种专业性的职业、肩负教书育人使命的职业。同时，作为个体，教师面对着工作、家庭、社会舆论、教育改革、学生个体差异越来越大等压力，导致其神经紧绷而产生身心上的疲惫感，对自己的工作对象学生采取消极的态度，对自己的本职工作采取消极的态度，甚至产生挫折感。②教师这种针对职业的疲惫感、挫折感，就是职业倦怠。自1978年美国临床心理学家弗鲁顿伯格（Freudenberger）发现职业倦怠这一现象以来，该课

---

① 焦瑞超，李晔，吴佩君，等. 中小学教师内隐与外显职业认同的关系研究 [C]. 全国心理学学术会议，2013.
② 卢新蕾. 教师职业倦怠的现状及解决策略 [J]. 北方文学，2017（15）：138-141.

题成为很多学者研究的课题。

二、义务教育阶段教师的职业倦怠的基本特点

国内的研究者有的利用马斯拉奇编制的《教师职业倦怠问卷》或者在此问卷基础上进行相应改编而制成的新问卷；有的利用自编的问卷。马斯拉奇编制的教师职业倦怠问卷，由情绪衰竭、去个性化和低个人成就感3个分量表组成，一个分量表包含一个维度。情绪耗竭是指个体的情绪和情感处于极度疲劳状态，完全丧失工作热情。去个性化是指消极冷淡，毫无感情地对待工作对象。低个人成就感是指个体消极地评价自己的工作能力和工作成就。

近年来，国内学者对中小学教师职业倦怠的研究逐渐丰富。[1]~[8]有研究者以288名中小学教师为被试，采用问卷的方法调查中小学教师职业倦怠的现状及影响因素。结果发现，中小学教师职业倦怠状况严重；初中教师职业倦怠值要明显高于小学教师和高中教师；婚姻状况与教师职业倦怠具有明显相关性；女性教师职业倦怠高于男性教师；男女教师教龄在11~15年时职业倦怠均非常严重。[9]总体上看，

---

[1] 胡洪强，刘丽书，陈旭远. 中小学教师职业倦怠现状及影响因素的研究[J]. 东北师大学报（哲学），2015（3）：233-237.

[2] 李家强. 职业倦怠与中小学教师心理亚健康[J]. 中国健康教育，2005，21（5）：361-362.

[3] 杨玲，付超，赵鑫，等. 职业倦怠在中小学教师工作家庭冲突与主观幸福感间的中介效应分析[J]. 中国临床心理学杂志，2015，23（2）：330-335.

[4] 付超. 职业倦怠在中小学教师工作家庭冲突与主观幸福感间的中介效应分析[D]. 西北师范大学博士学位论文，2015.

[5] 郝雁丽. 职业倦怠对中小学教师职业道德水平的影响及其消解[J]. 理论导刊，2012（10）：101-103.

[6] 徐富明，朱从书，黄文锋. 中小学教师的职业倦怠与工作压力、自尊和控制点的关系研究[J]. 心理学探新，2005，25（1）：74-77.

[7] 邵来成，高峰勤. 中小学教师的职业倦怠现状及其与社会支持的关系研究[J]. 山东师范大学学报（人文社会科学版），2005，50（4）：150-153.

[8] 徐富明，朱从书，黄文锋，等. 中小学教师职业倦怠的相关因素探究[J]. 中国心理卫生杂志，2005，19（5）：324-326.

[9] 胡洪强，刘丽书，陈旭远. 中小学教师职业倦怠现状及影响因素的研究[J]. 东北师大学报（哲学），2015（3）：233-237.

许多研究表明，中小学教师职业倦怠问题较为突出。[①] 在职业倦怠的三个维度中，情绪枯竭程度最严重，去个性化程度也比较高，个人成就感相对较低。

但是不同老师职业倦怠的情况存在差异。一般来说，初中教师的职业倦怠水平明显高于小学教师和高中教师的，且在情绪衰竭和去个性化维度数值均为最高。[②] 初中教师情绪衰竭数值要高于小学、高中教师的。[③] 与小学教师相比，初中教师需要面对中考压力和一群正处于叛逆期的学生，因而初中教师的教学和与学生相处的压力都大。这使得初中教师的职业倦怠水平要高于小学教师的。与高中教师相比，初中教育属于义务教育，初中的入学方式往往是按学区入学，而高中学校则按照中考分数择优录取，学生学习水平比较一致。初中学生的学习水平则是参差不齐，这为初中教师教学带来一定困难。同时，高中学生比初中学生更成熟一些，叛逆心少一些，需要教师规劝的少一些。但是，也有研究表明，小学教师在低成就感上显著高于中学教师。[④]

研究发现，婚姻状况与教师职业倦怠水平具有明显的相关性。离婚教师职业倦怠及其各个维度的得分明显高于其他已婚教师，而已婚教师又高于未婚教师。由于受到婚变的影响，离异教师会承受到舆论压力和心理伤害，会加重情绪枯竭和去个性化。缺少家庭温暖和家庭支持，往往造成离异教师心情低沉，影响工作热情和工作成绩。已婚教师下班后还要处理家务，可能还要照顾孩子，因此身心负担比未婚者更重，更易造成职业倦怠。

有研究表明，教师职业倦怠在性别和教龄上差异不显著，但是

[①] 雷万胜，张志明，姜莉. 中小学教师职业倦怠研究 [J]. 中国健康心理学杂志，2006，14（2）：159-161.
[②] 邢金萍. 中学教师职业倦怠的背景性影响因素 [J]. 当代教育论坛，2005（12）：92-93.
[③] 王大军. 河南省中小学教师职业倦怠的现状及成因分析 [J]. 郑州大学学报（医学版），2015（1）：110-114.
[④] 刘晓明，邵海燕. 中小学教师职业倦怠状况的现实分析 [J]. 中小学教师培训，2003（10）：53-55.

性别、教龄在职业倦怠上存在显著交互作用。由于不同研究的取样有差异，不同研究者得到职业倦怠及其维度在性别和教龄交互作用的结果也不同。① 有研究发现，女性教师的职业倦怠高于男性教师的；教龄小于 3 年的男性教师明显高于女性教师的。原因可能是男性教师在刚入职 3 年中，要面临结婚和买房的问题，而在社会中教师工资和地位并不高，男性教师的经济压力和社会压力要高于女性教师的，这使得男教师产生较严重的职业倦怠。男性女性教师教龄在 11～15 年时职业倦怠均非常严重，可能的原因是人到中年，工作负担重，家里上有老下有小，身心俱疲。教龄大于 20 年的女性教师职业倦怠明显高于男性教师，这或许是女性教师进入更年期的缘故。关于年龄与职业倦怠之间的关系，研究结果不一致。有研究发现，青年教师的情感衰竭程度高于年长教师的情况。② 也有相反的结果，即随着年龄的增长，情感衰竭程度逐渐增加。③

中小学教师职业倦怠的性别差异显著。男性教师情感衰竭和去人格化程度高于女性教师的。④⑤

三、义务教育阶段教师的职业倦怠的原因

有研究认为，对教师职业倦怠最具诱发力的因素依次是工作环境、人际关系和工作压力，导致教师情感衰竭的关键因素依次是工作环境、工作压力和人际关系，导致教师去个性化的关键因素依次是工作压力、人际关系和学生因素。⑥ 中小学教师职业倦怠形成的原因复

---

① 蔡永红，朱爱学. 中学教师职业倦怠现状及其组织影响因素研究 [J]. 教育研究与实验，2013（6）：29-33.
② 刘晴. 中小学教师职业倦怠影响因素及模型研究 [D]. 华中科技大学博士学位论文，2007.
③ 王大军. 河南省中小学教师职业倦怠的现状及成因分析 [J]. 郑州大学学报（医学版），2015（1）：110-114.
④ 刘晴. 中小学教师职业倦怠影响因素及模型研究 [D]. 华中科技大学博士学位论文，2007.
⑤ 钟妮，凌辉. 中小学教师人格特征、应对方式与职业倦怠的关系 [J]. 中国临床心理学杂志，2014，22（3）：525-529.
⑥ 葛丽. 中小学教师职业倦怠调查及对策研究 [D]. 华东师范大学硕士学位论文，2010.

杂，既有社会原因，也有学校管理方面的原因；既有职业压力方面的原因，也有教师自身方面的原因。

（一）教师自身因素

1. 健康因素

教师绝不是单纯的脑力劳动者，可以说教师的工作既考验体力又考验脑力。教师的工作地点主要在教室和办公室，非坐即站，户外活动较少，长此以往，教师的体能就会逐渐下降，教师在工作中易产生疲劳，工作效率由于疲劳而打折扣，从而引起教师对自己能力的怀疑，并可能导致厌烦自己的工作，产生职业倦怠。长期的教学工作使许多老师患上了职业病，比如颈椎和腰椎疾病、慢性咽炎、静脉曲张等躯体疾病，还有的老师在长期的紧张工作和压力下产生了心理问题。

2. 心理因素

中小学教师职业倦怠虽然是由工作引发的，但也与教师的自我期望过高和不良的个性特征有关。有的老师非常要强，事事争先，不甘落后，身体和精神的长期付出会造成身心疲惫；有的老师情感脆弱，不能遇到挫折，一有挫折就难以忍受；有的老师脾气暴躁，动不动就发火动怒；有的老师处事呆板，不能灵活处理各种事端，引起不必要的同事矛盾或师生矛盾；有的教师存在不现实的理想和期望，将真实世界中的个人形象同理想中的教师形象等同起来，对自己产生了一种不切实际的期望，竭尽全力甚至超过自己的能力去扮演社会期待的完美教师形象，这些都会带来教师身心的超负荷运转，从而加速教师职业倦怠的产生。另外，职业倦怠的产生也与教师个体对自己专业能力的自我评价和认识有关，性格内向、缺乏自信心、与同事缺乏交流与合作、对自己的优缺点缺乏正确认识和评价的中小学教师也容易产生职业倦怠。①

学校是一个小社会，人际关系也很复杂。教师之间由于教育教学水平不同、对待工作和生活的态度不同、人际交往和处理社会关系的能力不同，存在着心理承受能力的差异。比如，教学能力稍弱且心理承受力较差的教师，每次检测成绩出来都相对落后，使其容易产生对自己工作能力的自我质疑，进而影响其积极工作态度，降低成就感而形成职业倦怠。有些教师限于自身水平问题，无暇兼顾个人的学习和提高，无法吸收和更新自己的教学认知体系，久而久之产生"跟不上"的心理，对自己的知识水平的不足感到自责，常质疑自己的能力而引发职业倦怠。

研究发现，中小学教师的职业倦怠与工作压力、被动应对、控制点之间存在显著的正相关，与主动应对、教学效能感、自尊、社会支持之间存在显著的负相关。因此，中小学教师的教学效能感、工作压力、自尊、控制点、被动应对、主动应对和社会支持对其职业倦怠具有一定的预测作用。②

3. 职业愿景因素

许多教师抱着对未来的美好憧憬走进了教师队伍。可是，现实往往使这些年轻老师感到失望和无奈。工作量大，无休止的评估、检查，升学率、达标率等指标压得他们喘不过气来。微薄的收入、并不高的社会声望等使其逐渐对职业产生怀疑和失望。这种理想与现实之间的落差也会使教师感到失望而丧失工作的动力，产生职业倦怠。

---

① 朱俊梅. 中小学教师职业倦怠的成因与对策 [J]. 才智，2011（2）：299-300.
② 徐富明，朱从书，黄文锋，等. 中小学教师职业倦怠的相关因素探究 [J]. 中国心理卫生杂志，2005，19（5）：324-326.

4. 家庭因素

家庭与工作之间的冲突是近年来学术界研究的热点问题之一。[①~⑥]教师在学校从事高强度的脑力劳动，大量付出自己的体力、脑力、情感。回到家里还要处理家务，照顾家人，许多教师感到体力不支，身体长期处于亚健康状态。由于整天和学生打交道，有些教师难免将工作中的负面情绪带回家，对家人大发脾气，牢骚满腹，影响家庭和睦。更有少数家人不理解教师工作，不愿意让其"为别人的孩子拼命"，为了家庭团结，有些教师尤其是女教师宁愿选择安于现状，不思进取，做贤妻良母足矣。[⑦]

（二）教师职业倦怠来自各方压力

1. 来自社会的压力

改革开放40年来，市场经济繁荣，社会政治稳定和个体社会作用不断调整，但也存在住房、子女教育、健康医疗等负担过重等问题，个人所承担的压力日益增加。价值取向的多元化使得一些人对自己的职业选择缺乏信心和诚心，敬业精神的缺失在各行各业之中也时有发生，中小学教师也不例外。教师职业一方面要具有道德高尚、关怀他人、谦逊礼让、博学仁慈等理想人格追求；另一方面，在现实生活中，中小学教师的经济收入相对较少，大多数中小学教师囊中羞

---

① 赵静. 中小学教师家庭要求、家庭工作冲突、心理脱离对其认知失败的影响 [D]. 陕西师范大学硕士学位论文，2015.
② 于楠，孙玲辉，于桂兰. 工作价值观、家庭-工作冲突和工作投入的性别差异研究 [J]. 劳动经济评论，2014，7（2）.
③ 陆佳芳，时勘，Lawler J J. 工作家庭冲突的初步研究 [J]. 应用心理学，2002，8（2）：45-50.
④ 宫火良，张慧英. 工作家庭冲突研究综述 [J]. 心理科学，2006，29（1）：124-126.
⑤ 张伶，张大伟. 工作-家庭冲突研究：国际进展与展望 [J]. 南开管理评论，2006，9（4）：55-63.
⑥ 吴明霞，张大均，陈旭，等. 中小学教师工作-家庭冲突的测量 [J]. 心理发展与教育，2009，V25（1）：120-127.
⑦ 卢新蕾. 教师职业倦怠的现状及解决策略 [J]. 北方文学，2017（15）：138-141.

涩，微薄的薪金又使中小学教师的社会地位相对较低。理想中的教师职业的崇高感和现实生活中的中小学教师经济收入、社会地位相对较低使一些教师产生激烈的内心冲突，长此以往，中小学教师就可能产生职业倦怠。①

立德树人是我国教育事业的根本目的，教书育人是教师的根本职责。学校和教师不能决定一个学生的成长，因为除了学校之外，个体的成长受到家庭、社会、文化以及个体的生活经历、社会实践的深刻影响。过分强调教师对学生发展所起的作用是不客观的。将教育的责任单方面转嫁给教师，忽略其他环境因素对学生的成绩、成长的影响，只强调教师的责任重大，无疑会给教师在心理上造成很大的压力。对社会所承担的责任和对自身的职业要求使教师承受着比其他的社会成员更大的心理压力，很容易使教师产生职业倦怠。

2. 来自学校的压力

有研究以 723 名中小学教师为被试，采用问卷法研究了教师工作压力与职业倦怠之间的关系以及工作压力对职业倦怠的回归预测情况。②结果表明，教师工作压力与其职业倦怠中的情绪衰竭和非人性化呈显著正相关；工作压力中的工作负荷、学校组织氛围、角色控制等维度对职业倦怠中的情绪衰竭有显著的正向预测作用；工作压力中的角色控制、学校组织氛围因素对职业倦怠中的非人性化有显著的正向预测作用；工作压力中的角色控制、待遇和社会地位对个人成就感有一定的预测作用。

素质教育的政策执行了很多年，但是中小学教育的实践还没有脱离应试教育的模式，中小学教师教学压力大；教师工作任务除了做

---

① 朱俊梅. 中小学教师职业倦怠的成因与对策 [J]. 才智，2011（2）：299-300.
② 曾玲娟. 中小学教师工作压力对职业倦怠的预测性研究 [J]. 教育导刊，2004（z1）：79-81.

好教学工作，还要参加课改培训和组织学校各项活动，使得教师情绪枯竭严重。中小学教师受中国传统文化影响，认为好教师对学生的态度应严肃认真，严格管教才能出高徒。由于班级人员多，加上现在的学生大多是独生子女，个性比较强，这些压力造成教师不自觉地加重去个性化程度，教师缺乏个人成就感，即使有工作成绩往往也是建立在过度身心支出基础上的。这种高情绪衰竭、去个性化和低个人成就感会进一步加重教师职业倦怠。

中小学教师不仅承受着教书育人的重担，还承受着自我发展需求的压力、人际关系压力及角色压力等，同时承受着我国所特有的考试压力、由教师社会地位和待遇所导致的职业声望压力等。在这样的过大压力之下，有些中小学教师常常会感到不堪重负、身心疲惫、沮丧、焦虑，还会对工作产生不满和厌倦，丧失工作热情，以消极、否定或非人性化的态度对待学生，导致情绪衰竭和去人性化的发生。[①]

3. 来自家长的压力

部分家长没有认识到学生成才的目标，对老师的要求过于苛刻。如果学生的表现与期望出现差距，则将责任都归咎于教师，给教师带来了更大的压力。曾经有这样一位家长，把孩子送到学校时，对老师说："请您严格要求孩子，不听话时打他也没关系。"然后，家长自己对孩子的教育不闻不问，俨然孩子送到学校后就没自己的事。一次上课时，孩子听课走神，老师刚好经过孩子身边，用书本轻轻拍拍孩子的脑袋，用来提醒孩子集中精神，家长知道后，跑到学校大吵大闹，说老师打了他的孩子，要求老师必须道歉。这类事也会给老师带来很大的负担，给该教师之后的教育工作带来巨大的困惑。

---

① 朱俊梅. 中小学教师职业倦怠的成因与对策 [J]. 才智，2011（2）：299-300.

4. 来自学生的压力

独生子女成为现在中小学生的主要成分。独特的家庭环境、家庭教育方式和成长经历使得独生子女个性较强，加大了教育和管理难度。网络的普及和信息渠道的多样化、信息传递的扁平化使得教师和学生获得的新知识新信息几乎同步，有时会出现老师不知而学生已会的情况。每一个学生都有一个思想的王国，其思想行为、习惯、接受能力，理解能力各不相同且不断变化，教师必须根据不同的对象，不断调整教育教学方式、方法，在面对不同的学生的同时，寻找其共性，尊重其个性，而且还要通过自己的言行来影响学生，这本身就是一种不可回避的压力。特别是现在的独生子女学生较多，家庭教育也存在一定的问题，学生的学习问题、行为问题、思想问题均给教师带来了长期的、难以排解的压力。

（三）学校管理制度因素

学校领导的管理方式和学校氛围对教师的心理有较大影响。① 有些中小学管理缺乏民主，以管理企业的方式管理学校，对作为知识分子的教师尊重不够。有的学校把考试成绩、升学率等指标与教师待遇挂钩，与职称晋升挂钩。研究发现，知情权和决策参与权会直接影响教师对职业的满意程度，部分学校教师对学校发展的知情权未能得到充分的、真正意义上的尊重，更没有机会参与学校的重大决策，这种状况就可能导致教师对学校发展缺乏认同，从而对学校发展、自己的工作产生冷漠和消极的态度，进而产生职业倦怠。①

有些学校管理制度脱离教师实际，伤害教师尊严，使教师的心理情绪受到影响，在缺乏关心的工作岗位上，容易产生抱怨与逆反；

---

① 朱俊梅. 中小学教师职业倦怠的成因与对策 [J]. 才智，2011（2）：299-300.

又或者学校的管理制度缺乏公平公正，制度管理中不能一碗水端平，也会让教师因得不到公平的待遇而对工作产生抵触心理。这些都让职业倦怠蔓延。

（四）职业倦怠来自于评价与晋升机制

有些学校对教师的评价方式比较片面，只看重表现突出的教师。大多数的教师虽然也在努力工作，但由于种种原因，受到上级表彰的机会较小。许多教师也意识到这一点，认为搞好自己的本职工作即可，他们与世无争，不知不觉地产生了惰性，失去了工作的激情和理想，不再有成功的追求。还有一些学校用单一的评价机制对教师素质进行考核，比如一些学校用"末位淘汰制"，只通过考试成绩来考查教师的能力，使教师长期处于精神高度紧张的状态，丝毫不敢懈怠，在神经长期紧绷的状态下，教师易产生疲劳和敏感等现象，进而产生负面情绪。

四、缓解义务教育阶段教师的职业倦怠的策略

饱满的工作热情、积极向上的态度、高昂的工作斗志是做好工作的前提条件。人们只有对工作充满热情，全身心投入，通过优异的成绩自我激励才能长期保持斗志。对于教师而言，良好的教学成效的必要前提就是教师教学热情和工作兴趣。[1] 教师的职业倦怠会降低教师的工作热情，丧失其工作兴趣，影响其教育和教学效果。所以缓解教师职业倦怠十分必要。我们这里讲的是缓解而不是克服，因为职业倦怠很难克服，很难根除。有些研究者对于缓解教师职业倦怠提出了很好的意见。[2] 比如，创造良性社会支持网络和优质教育环境，树立

---

[1] 卢新蕾. 教师职业倦怠的现状及解决策略 [J]. 北方文学，2017（15）：138-141.
[2] 葛丽. 中小学教师职业倦怠调查及对策研究 [D]. 华东师范大学硕士学位论文，2010.

健康的工作态度，全面提高教师素质，探索教师"减负"之路，缓解教师工作压力。有研究者提出，应为教师提供心理服务，缓解教师的压力。①

（一）既要有制度约束，也要有人文关怀

教育和教学活动是规范性的特殊的工作，其特殊性主要体现在，其根本任务是立德树人。因此，政府部门和学校对中小学教师的管理和服务，既要发挥法律法规和各种制度的约束作用，也要创建良好的人文环境，减少教师不必要的会议、检查、达标、评比等活动，多给予教师自由的时间和空间，使教师有足够的灵活性来安排自己的工作。教育和教学活动既是科学也是艺术，在尊重教育教学规律的前提下，一定要强调育人工作的人文性和艺术性。不能对教师管得太严、太细，原则定了以后，具体的操作层面要给教师充分的自由，给予其充分的信任。应该多支持、多帮助、多鼓励，不能动不动就"罚款、扣分"。对知识分子的管理应该制度约束与人文关怀并用。

对于整个社会来说，要增加教师职业的社会认同感，充分尊重教师的劳动。尊师重教一直以来都是中华文化的优秀传统。教师是"人类灵魂的工程师"，理应得到社会的尊敬。一方面要树立尊师重教的观念，另一方面应客观公正地评价教师，尊重教师的创造性劳动，以换位思考的方式对教师日复一日、年复一年的育人工作，少一点抱怨，多一点理解，少一点质疑，多一点支持。教师毕竟是一种职业，从事该职业不可避免会有疏漏之处，从事该职业者也不可能尽善尽美。教师行业或从业者出现一些问题时，媒体应理性、公正看待，不能为追求某种效益而把个案扩大、夸大，"妖魔化"教育、"污名化"教师。将不信任与师生关系挂起钩来，与全社会都极为尊崇的"师德

---

① 杨莞婕. 中小学教师职业倦怠与心理服务需求及对策研究[D]. 南京中医药大学硕士学位论文，2017.

大爱"搅在一起,就是一种不负责任的态度,更让教师本人对自己从事的职业失去信心。

(二)加强社会支持,提高社会地位

1. 提高教师的社会地位

一种职业的社会地位取决于它的经济地位和职业声望,同时也决定该职业的吸引力。解决中小学教师职业倦怠是一个系统工程,整个社会都应该给予关心和支持。提高教师的社会地位就必须真正贯彻落实科教兴国的战略方针,树立尊师重教的社会风尚,采取切实有效的措施,落实教育先行的发展策略,为教师建立一个宽松的人文环境,用发展的眼光评价教育,用发展性的教师评价制度评价教师。真正落实《中华人民共和国教师法》的所有条款,保障教师的合法权益,切实提高教师的社会地位。[①]

2. 提高教师的经济待遇

当一个人选择教师作为职业时,无论其对这个职业有多么崇高的追求和热爱,前提必须是其能依赖这个职业生存下去,并获得社会对其职业的认可和保障。国外教育家普遍认为,在影响教师地位的诸要素中,对教师工作重要性的评价和对教师的尊敬非常重要,但这很大程度上依赖于教师的经济地位。因此,政府和学校应切实保障教师经济待遇的巩固和提高,并根据经济和社会的发展,不断提高教师的工资,并真正使教师的工资"不低于当地公务员"的标准。按《中华人民共和国教师法》提高教师的待遇是缓解教师职业倦怠的有益手段。对于学校而言,在校内形成激励机制对提高教师成就感也大有帮助。改革学校内部的分配制度,力求校内分配公平合理;改革学校内部评

---

① 冉祥华. 谈中小学教师职业倦怠的成因与对策[J]. 教育探索,2004(9):102-104.

优评先制度，增加教师情感上的满足感；满足教师情感、发展、成就等较高层次的需要可以提高教师的成就感和认同感，有助于防止教师职业倦怠的出现。

3. 对教师职业持合理期望

虽然教师承担着教书和育人的双重角色，但教师不是万能的，必须强调教师的有限责任。社会应该以教师的专业标准要求中小学教师，而不是圣人标准，不能把家庭和社会的责任全都强加于学校和教师。因此，教育管理部门和新闻媒体应积极引导公众，使公众建立对教育和教师的合理期望，形成良好的社会信任氛围，减少中小学教师的职业压力。中小学教师也要对自己所从事的职业持清醒的认识，不要抱有不切实际的期望。

（三）健全学校管理体制

1. 注重职业规划

关注中青年教师群体，为教师制定合理职业规划教师职业发展是一个漫长的、动态的过程。美国学者费斯勒（Fessler）把教师发展过程分为八个阶段：①职前教育阶段；②引导阶段；③能力建立阶段；④热心与成长阶段；⑤职业挫折阶段；⑥职业稳定和停滞阶段；⑦职业低落阶段；⑧职业退出阶段。根据研究表明，当教师处于职业挫折阶段即教龄为6～10年的阶段时，最容易发生职业倦怠。在这个阶段，教师走到了职业发展的十字路口，刚入职时的热情已经减退，新的教育观念没有形成，如果教师在这个时候没有得到适当的帮助，教育教学工作上的挫折感会使教师的工作满意度逐渐下降，自信心降低，进而怀疑自己的职业选择。应该为这部分中青年教师搭建专业化平台，关注这个群体的发展，多创造一些符合其自身需求的进修学习机会，提高其专业素质；让教师中的佼佼者走上管理岗位，开阔教师的视野。持续的关注与激励往往能够让中青年教师从迷雾中走出来，看到职业发展的方向，认真规划自己未来，重新定位起航。

许多学者基于不同的研究角度对教师在历经职前、在职以及离职的整个职业生涯过程中所呈现的阶段性发展规律作了具体的描述与精确的分析，由此产生了教师发展阶段论。研究发现，6~10年教龄的教师大多处在教师的生涯挫折阶段，容易产生职业倦怠。处于引导和生涯挫折阶段的中小学教师，如果得到及时的帮助与支援会逐渐走出低谷，克服职业倦怠；反之则容易一蹶不振，甚至放弃教师职业，因此，学校应加强教师的职业规划工作。

2. 打造校园文化，优化教学环境

校园文化是一种环境，是一种氛围，是一种理念，更是一种精神。校园文化包括各种有形的、无形的、正式的、非正式的组织结构、人际关系和物质及人文环境等，而校园文化会影响到中小学教师的行为与工作士气。如果学校的人际氛围不和谐，充满个人主义，教师之间各自为政，缺乏交流与激励，都将促使教师产生职业倦怠。[①]而良好的教学环境和校园文化使教师产生一种自豪感，有助于提高其工作热情，因此营造良好的校园文化氛围是克服中小学教师职业倦怠的重要举措。有研究表明，学校归属感越强，教师的职业倦怠感越弱，也就是说学校归属感在某种程度上可以预测教师的职业倦怠感。[②]学校应建构一种积淀厚重、情理交融、充满活力、风貌独特、师生认可的校园文化，为学生、教师和学校的长久发展打下坚实的精神底蕴。教师对校园文化的认可与接纳，自然而然让教师对学校有了

[①] 矫宏金.中小学教师职业倦怠原因分析及对策[J].云南教育（中学教师），2008（6）：7-8.
[②] 王晓玲.石家庄市中小学教师教学效能感、职业归属感、职业倦怠现状及关系的研究[D].河北师范大学硕士学位论文，2010.

较深厚情感,乐于积极参与学校生活,乐于从事教学工作,乐于应对来自方方面面的压力,提高工作积极性,从而可能减少教师的职业倦怠。

3. 完善教学评价机制

当前部分地区对中小学教师的评价只是关注学生的升学率,这种评价体系导致教师陷入无休止的升学竞赛中,使许多教师苦不堪言。学校要通过完善评价体系来预防教师的职业倦怠,就需要对教学工作的绩效评价进行改革,实现如下改变:从同类学生之间的横向比较转向学生成长过程前后的纵向比较;从只以学生成绩为评价指标转向兼顾学生综合素质的评价指标;从以僵化的升学率、及格率为评价指标转向以教师的日常教学过程、行为表现为评价指标。另外,建议教育部门和学校尽量减少不必要的检查、验收、评比等非教学项目,避免教师忙于应对,精疲力竭。

4. 为教师减负

专心教书育人是教师的职责。但是现实中并非如此,许多行政部门可以向教育安排工作,例如学籍、计生、办理学生保险、医保工作、安全工作、为各种名目繁多的检查准备迎检档案、各项评估的准备等。这些工作都是教育教学之外的事务,有些工作是短期的,有些却贯穿整个学期,加重了教师的工作负担。因此,为教师减负,让教师专心于教书育人,也可以减少教师的职业倦怠。

(四)增强教师适应环境的能力

1. 教师应加强个性修养

一个具有自信和挫折承受能力强、富有进取心、勇于接受挑战的人是不容易倦怠的。中小学教师也应认识到每个人都不是天生的教育家,每个人都有一个成长和走向成熟的过程,因而在工作学习中遇到挫折、遭受失败也是不可避免的。中小学教师要加强个性修养,努力增强个性中的积极因素,才会在困难与挫折面前不气馁,才能热爱学生,并从这种爱中获得极大的职业享受。因此,加强教师个性修养,树立正确的教育观念和积极的教师信念,培养对学生无私的爱与宽容精神,对防止中小学教师职业倦怠是至关重要的。

2. 放松情绪,减轻心理压力感

教师职业的特殊性决定了教师必然要承受来自各方面的压力。然而心理压力一旦产生,必然伴随着情绪上的焦虑和高度的紧张,而高度紧张的情绪又作为一种刺激反馈到人身上,使人产生更强的压力感。情绪紧张和心理压力就这样相互影响,逐渐升级增强。因此,增强个体的调节能力很重要。为了预防和缓解中小学教师职业倦怠,要积极发挥教师自身的作用,引导教师正确认识职业倦怠,学会及时调节情绪,可以采用诸如放松训练、转移注意、与人交流等方法。当发现自己有职业倦怠的征兆时,教师应勇于面对现实,正确认识职业倦怠的危害,反思自己的压力来源,主动寻求帮助,设法加以化解。中小学教师要在健康认知的基础上,调适自己的情绪,使自己处于积极、健康的职业心理状态,精神焕发、愉快地投入工作和生活中,使自己的生活充满阳光,对未来充满希望,进而产生热爱教育事业、热爱学生的强烈情感。

3. 建立和谐的人际关系

职业倦怠是在教师无法正确有效处理职业危机,又无法及时进行调节的情况下发生的,而和谐的家庭关系和人际关系能够调节教师的情绪，有效缓解甚至避免职业倦怠。所以中小学教师要理解领导，关心同事，关怀学生，经常与同事沟通，理解学生和尊重家长，要善于接纳自己和他人；还要关心爱护家人，与家人同乐，共同承担家庭责任；要积极参加丰富多彩的文体和社会活动，不断扩大生活圈，不断开拓社交渠道，融入和谐的人际关系中，合理地调节自己的情绪，缓解职业倦怠感。[①] 改进人际关系要先从改变自己开始，要加强品德修养，使自己具备诚实、信任、善良、热情、谦虚等素质，要注意自己能力、特长、兴趣的培养。同时，教师要学会正确认识他人，遵循交往的原则，掌握交往的技能和技巧等。

---

① 朱俊梅. 中小学教师职业倦怠的成因与对策 [J]. 才智，2011（2）：299-300.

第五章
义务教育阶段教师的人格特征

人格是构成一个人的思想、情感及行为的特有统合模式，这个独特模式包含了一个人区别于他人的、稳定而统一的心理品质。教师的人格特征是心理学和教育学研究的重要课题。教育和教学活动是育人的特殊活动，对教师人格特质有一定的要求。研究发现，教师的作风、态度、信心、责任心等良好的人格特征对学生的学习和成长有显著影响。健康、积极、乐观的人格对学生的成长具有促进作用，非正常的人格特征对学生的发展以及学生积极人格的形成起阻碍作用。研究发现，小学教师人格特征与所教学生学业成绩之间有显著相关。[①]兴奋性与学生的语文成绩呈显著负相关（相关系数为 -0.39）；聪慧性、稳定性、实验性与学生的数学成绩均达到显著相关水平（相关系数分别为 0.42、-0.36、-0.36）。有研究探索了学生喜爱的和不喜爱的教师人格特质。对 1594 名大、中、小学生的调查显示，学生自己理想中的教师人格特质是高尚/进取、慈爱/公正、客观/求真、外向/开朗；学生不喜欢的教师人格特质是退缩/粗暴、内向/怪异、损人/利己。这说明学生对于教师的人格特质的接纳是有选择性的。[②]因此，研究教师应该具备什么样的人格特征，着力培养师范生和年轻教师具备良好人格特征，具有重要意义。

[①] 陈益，李伟. 小学教师人格特征和学生学业成绩的相关研究 [J]. 南京师大学报（社会科学版），2000（4）：76-81.

[②] 张焰，黄希庭，阮昆良. 从青少年学生的评价看教师的人格结构 [J]. 心理科学，2005, 28（3）：663-667.

第一节 关于教师人格研究的基本问题

一、教师人格的概念

教师人格是教师在教育和教学实践中形成的独特的思想、情感和行为的统合模式。人格具有整体性（统合性）、独特性、稳定性和功能性。人格的整体性是指人格特征的各个维度、各个方面是协调的、一致的，但是也存在某些病态人格所表现出来的"分裂"性、矛盾性的情况。人格的独特性是指一个人的人格特征与别人的人格特征是有区别的，是有鲜明个人特色的，它不可能完全被另外的某个人所重复、所替代。当然，在同一文化背景下成长起来的个体，其人格特征也有许多相似性。也就是说，独特性并不是说人与人之间没有相同点。稳定性是指个体一旦形成了某种人格特征是不容易改变的，除非在人生道路上发生了足以震撼心灵的重大事件。功能性是指人格特征一旦形成，就成为人们在人生舞台上的"面具"，这些特征和"面具"决定了人们该演什么角色，该如何处事，如何工作。

有研究者从伦理学意义上理解教师人格，认为教师人格是指教师应该具备的职业道德、伦理和职业价值观等，并认为当代教师应该具备责任意识、批判和创新精神、权利和自主意识、对话与合作观念等。这些人格要求在现代社会生活中虽然具有一定的普遍性，但对于教师来说具有独特的重要性。①

有学者认为，教师人格是指教师为胜任其本职工作所必须具备的良好的性格特征、积极的心理倾向、创造性的认知方式、丰富的情感、坚

---

① 戚万学，唐汉卫. 教师专业化时代的教师人格 [J]. 教育研究，2008（5）：62-67.

强的意志、高尚的道德品质、规范的行为方式等人格特征的综合体。人格的结构包括自我意识、人际关系、心理倾向性、情感特征、意志品质和认知方式。①

教师人格是由教师的理想精神、敬业态度、情感立场、道德情操和意志品格等组成，代表以塑造民族未来为己任的职业群体的根本价值取向。②

有学者认为，我们应当充分认可并鼓励教师人格构成上的独特性和个性化倾向，使教师自觉意识到教师人格存在的合理价值。诸如豁达大度、昂扬乐观、平易亲和、风趣幽默、多智善断乃至才情奔放，等等，这些将赋予教师个体生命以鲜明的本我色彩，并且也将有效地感染和影响学生的个性形成。②

有研究者在总结前人研究的基础上，对教师人格进行定义，认为教师人格是指教师个体在教育职业活动中逐渐发展并表现出来的行为上的内部倾向性，对学生身心发展有直接而显著的影响，是教师的能力、情绪、需要、动机、兴趣、态度、价值观、气质、性格和体质等方面的有机整合及其在自己教学过程的表现。③这个教师人格定义考虑了三个方面的要求：体现教师职业的特性；是教师各种心理品质的有机整合；对学生身心发展的影响。显然，把情绪、需要、动机、兴趣、态度、价值观甚至体质包含在教师人格概念中，似乎有扩大内涵之嫌。当然，这样定义的好处是对实际的教育工作者来说容易理解，贴合教师的实际。

---

① 刘恩允，杨诚德.教师人格对学生影响的相关性研究[J].山东师范大学学报（人文社会科学版），2003，48（5）：103-107.
② 潘涌.论教师人格魅力与校园隐蔽课程[J].中小学教师培训，2004（4）：9-12.
③ 蔡岳建，谭小宏，阮昆良.教师人格研究：回顾与展望[J].西南大学学报（社会科学版），2006，32（6）：15-18.

二、关于教师人格的意义

"随风潜入夜,润物细无声。"教师人格是一首无声之歌,默默打动着一个个学子。一个好教师不仅能教给学生知识,让其发展智能,而且能对学生健全人格的养成产生良好的影响。教师对每一个学生的成长都起着非常重要的作用。[1]在教育活动中,教师的榜样作用、教师人格的潜移默化作用是巨大的。在教师的各种心理素质中,对学生成长影响最大的就是教师的人格。当教师达到了必要的智力和知识水平,又具备了专业教育能力(思维的逻辑性,口头表达能力,组织能力等)之后,教师自身的人格品质就成为促进其主导作用发挥、影响学生学习与成长的重要因素。[2]良好的教师人格不仅影响教师的教书育人效果、教师自身的身心健康以及教师的专业发展,而且对学生的学业成绩、自我概念以及人格塑造等均有不同程度的影响。而教师的负面人格对学生的发展产生非常消极的影响。因此,教师人格成为重要的研究课题。

孔子云:"其身正,不令而行;其身不正,虽令不从。"教师高尚的道德情操、深厚的文化素养、渊博的专业知识和令人敬仰的人格魅力是无声的教育力量。教师的人格魅力对学生学业发展具有极大的激励价值。

教师是人格教育的活教材,教师在人格上赢得学生的心,学生便会产生仰慕之情并心悦诚服、心甘情愿地接受老师的教育。[3]现代教育家夏丏尊先生在谈到著名教育家、艺术家李叔同时曾说过:"李先生教图画、音乐,学生对图画、音乐看得比国文、数学等更重。这

---

[1] 蔡岳建,谭小宏,阮昆良.教师人格研究:回顾与展望[J].西南大学学报(社会科学版),2006,32(6):15-18.
[2] 韩向前.国内外教师心理研究述要[J].心理科学通讯,1988(1):52-56.
[3] 张冠文.论教师的人格魅力在教育中的示范效应[J].当代教育科学,2003(14):8-10.

是有人格作背景的缘故。因为他教图画、音乐,而他所懂得的不仅是图画、音乐;他的诗文比国文先生的更好,他的书法比习字先生的更好,他的英文比英文先生的更好……这好比一尊佛像,有后光,故能令人敬仰。"夏丏尊先生所提出的"人格背景"一词,准确、精要地道出教师的人格魅力在教育中的示范作用。

教师秉持的立德树人的高尚理想和孜孜不倦的敬业精神,是教师做好教书育人工作的根本精神支柱和不竭的动力来源,也是培养学生高尚人格品质的最好榜样。高洁的理想精神是人格构成的核心内容。教师的工作不同于其他工作,教师肩负着传道、授业、解惑的重任,承担着培养民族未来人才的使命,教师的精神境界对民族的复兴、社会的进步和文明的发展具有重要意义。

充满爱心,热爱学生,热爱本职工作是对教师的基本要求。特别是中小学教师要特别学会爱护学生,呵护学生稚嫩的心灵,关注其身心每一点细微的成长,真诚地满足其求知过程中的情感需要。教师的爱像春风如雨露,是学生成长的最好滋养。苏霍姆林斯基揭示了教师爱的本质,即教育技巧的全部奥秘也就在于如何爱护儿童。[①]这就要求教师不但要关注学生的日常进步,多利用激励手段强化其成功体验,而且要及时发现学生成长中的挫折、困惑和沮丧心绪,使之重返昂扬进取的心态。无边的师爱才能转化为学生人生旅途中坚忍跋涉,自强不息的动力之源。

教师要有超越功利、超越自我的纯洁的道德品格。学高为师,身正为范。教师理当具备超尘拔俗的道德情感和道德行为,要拥有强大的精神上的自持力来守护人生境界的洁净,抵御物质世界的种种诱惑。面对纷繁复杂的世界,要坚守理想信念;身处市场经济的滚滚洪流,要保持高尚情操。教师一直被视为清苦的职业。中小学教师微薄

---

① 苏霍姆林斯基.给教师的一百条建议[M].杜殿坤编译.北京:教育科学出版社,2000.

的收入要对付高额的房价，要赡养老人，养育子女，谈何容易。但是，事实上许多老师克服重重困难，最终坚守了自己的信念，没有被金钱左右。如果一个教师的功利之心很重，利益之念萦绕，失去了心灵的高尚纯洁，那么这种不再纯洁的心灵会在潜移默化中影响学生。当然，我们相信，我们的社会终将会更加尊师重教，终将彻底改变中小学教师收入低的现状。毕竟，教育事业关涉民族复兴大业，关涉整个民族素质的提高和整个社会的文明进步。

一个优秀的中小学教师要有忍辱负重、含辛茹苦的超常意志，要敢于战胜教育生涯中的万千挑战和考验。"士不可以不弘毅，任重而道远"。生命的道路从来就不是笔直平坦的，曲折沟坎在所难免。面对困厄、挫折乃至磨难，教师要乐观从容，自强不息，永不低头，从永言输，要以一往无前的勇气战胜一切艰难险阻，实现自己的人生理想。教师顽强不屈的人格素养一定会照亮莘莘学子前进的方向。党和政府对教师也提出来殷切的期望。2014年9月9日，习近平总书记来到北京师范大学，看望教师、学生，观摩课堂教学。习近平号召全国广大教师做"四有"好教师，即有理想信念、有道德情操、有扎实学识、有仁爱之心的好老师[①]。这也是每一个教师自我修养的标杆。

做好老师，要有理想信念。广大教师要始终同党和人民站在一起，自觉做中国特色社会主义的坚定信仰者和忠实实践者，忠诚于党和人民的教育事业。要用好课堂讲坛，用好校园阵地，用自己的行动倡导社会主义核心价值观，用自己的学识、阅历、经验点燃学生对真善美的向往。

做好老师，要有道德情操。老师对学生的影响，离不开老师的学识和能力，更离不开老师为人处世、于国于民、于公于私所持的价值

---

① 习近平与北师大师生座谈 提出"四有"好教师标准. http://politics.people.com.cn/n/2014/0910/c70731-25631746.html.[2018-09-21].

观。老师是学生道德修养的镜子。好老师应该取法乎上、见贤思齐，不断提高道德修养，提升人格品质，并把正确的道德观传授给学生。

做好老师，要有扎实学识。扎实的知识功底、过硬的教学能力、勤勉的教学态度、科学的教学方法是老师的基本素质，其中，知识是根本。好老师还应该是智慧型的老师，具备学习、处世、生活、育人的智慧，能够在各个方面给学生以帮助和指导。

做好老师，要有仁爱之心。爱是教育的灵魂，没有爱就没有教育。好老师要用爱培育爱、激发爱、传播爱，通过真情、真心、真诚拉近同学生的距离，滋润学生的心田。好老师应该把自己的温暖和情感倾注到每一个学生身上，用欣赏增强学生的信心，用信任树立学生的自尊，让每一个学生都健康成长，让每一个学生都享受成功的喜悦。

党的十九大报告指出，建设教育强国是中华民族伟大复兴的基础工程，必须把教育事业放在优先位置，学习贯彻党的十九大精神，办好新时代人民满意的教育，要把握好新时代教育的新使命，坚持教育自信，培养新时代的"四有"好老师。

第二节 义务教育阶段教师人格特征研究

一、教师的一般人格特征综述

近年来，学界对教师人格特征的研究逐渐增多。早期的研究者用特质论来研究教师人格，目的是希望发现教师的人格特质对学生的影响，从而区分优秀教师和一般教师的人格特点。拉什顿（Rushton）根据学生对教师讲课效果的评价，概括了优秀教师所必需的两个人格维度，即成就取向（由管理能力、智力、责任感等特质组成）和人际取向（由影响力、自我同一性等组成）。后期增加了教师课堂行为方面的两个维度：魅力和组织才能。通过实证研究，证明在这四个维度上得分高的教师，往往被学生评价为优秀教师。另有研究表明，温和、理解人、友好、负责、有条不紊、富于想象力和亲切热忱等特征往往从成功的教师那里可以测量到。

韩向前采用《艾森克人格问卷成人式》对1679名中小学与幼儿教师的人格特征进行了测量，结果表明，教师比普通人更外向，情绪更稳定，较少倔强性。有研究者使用《Y-G人格测验量表》对122名中小学教师进行了测试，结果发现，教师的主要性格类型是D型性格，表现出情绪稳定性、主导性、社会外向性、社会适应性、无神经质等特质。有研究者将教师人格划分为7个类型，即自信型、思考型、安静型、严肃型、谨慎型、活泼型和自我型，编制了信度和效度较高的《教师人格调查问卷》。

二、优秀教师的人格特点

对优秀教师的人格特点进行测评和总结，是研究教师人格的重要思路。由于所处的地位、观察问题的角度不同，师生对好教师的看法可能不尽相同。因此，有研究者研究学生心目中的好教师的人格特点。希夫（Schiff）和达特（Tatar）发现，小学生心目中的理想教师是学习的促进者、可信的支持者、挑战者、个性鲜明的人。[①] 达特和霍伦茨克（Horenczyk）发现，小学生希望教师是可以提供帮助的、公平的和有能力的；而中学生则希望教师是公平的、有能力的，在必要时可以为其提供帮助。由此看来，不同年龄的学生对教师的期望可

---

① Schiff M，Tatar M. Significant teachers as perceived by pre-adolescents：Do boys and girls perceive them alike? [J] Journal of Educational Research，2003，96：269-291.

能是不一样的。①

沈祖樾对中学教师的调查发现，教师心目中的好教师品质与学生心目中的好教师品质有较大差别。中学教师认为，好教师首先表现为教师的教育态度、教学能力和专业知识；其次是对待学生态度方面的品质。张承芬对194名教师进行的调查显示，被试认为最重要的10项心理素质是客观公正性、角色认同、创造性、自尊感、监控性、奉献精神、有恒心、责任感、成就动机和灵活性。

国内有研究者探讨了最受学生喜爱的教师人格特点，比如理解尊重学生，对学生一视同仁；教学能力强，有责任心；勇于批评和自我批评、以身作则等。②另有研究发现，中学生喜爱的教师人格特点有崇高的品德、责任感强、兴趣广泛、才识广博、治学严谨、公正、善良等品质。③张焰等对1594名学生的研究表明，学生对自己理想中的教师人格特质的评价维度是高尚/进取、慈爱/公正、客观/求真、外向/开朗、退缩/粗暴、内向/怪异、损人/利己，前4个维度是学生喜欢的，后3个维度是学生不喜欢的。④

刘兆吉和黄培松分析了120名优秀教师、模范班主任的优秀事迹材料，得出部分典型的心理品质。⑤丁之奇等用《卡特尔16种人格因素问卷》调查了优秀中学教师，认为情绪稳定、有恒负责、现实、合乎成规、自主、当机立断、心平气和、自律严谨是优秀中学教师的良好人格品质。⑥研究者还分别调查了92名全国骨干教师的人格特征、271名中学骨干教师的人格特征、63名优秀幼儿教师的人格

---

① Tatar M, Horenczyk G. Immigrant and host pupils'expectations of teachers [J]. British Journal of Educational Psychology, 1996, 66 (3): 289-299.
② 沈祖樾, 曹中平. 当前中学生心目中好教师形象的比较研究 [J]. 社会心理科学, 1998 (2): 24-321.
③ 吴光勇. 教师的人格魅力 [J]. 吉林教育: 现代校长, 2006 (Z2): 79.
④ 张焰, 黄希庭, 阮昆良. 从青少年学生的评价看教师的人格结构 [J]. 心理科学, 2005, 28 (3): 663-667.
⑤ 刘兆吉, 黄培松. 对120名优秀教师和模范班主任心理特点的初步分析 [J]. 心理学报, 1980, 12 (3): 40-50.
⑥ 丁之奇, 李铁君, 王洪波. 优秀中学教师与高师学生个性特征的比较研究 [C].// 全国第六届心理学学术会议文摘选集, 1987.

特征。①~③ 韩进之和黄白认为，优秀教师应具备以下个性品质：热忱关怀，真诚坦率，胸怀宽阔，作风民主，客观公正，自信心强，耐心细致，坚韧果断，热爱教育事业。④

三、专家型教师与新手教师的人格特征比较

许多研究表明，专家型与新手教师的知识结构存在差异。专家型教师所具有的关于课堂、课程和教学的知识结构，能够有效地帮助教师更好地设计课堂活动，安排和组织教学活动，而这些是新手型教师无法做到的。有研究表明，新手教师的精神质水平非常显著地低于熟手教师；熟手教师的神经质水平显著低于专家型教师，这是造成新手教师与专家型教师差异的重要原因之一。新手教师和专家型教师的教学策略与精神质存在负相关，熟手教师与内外向存在极为显著正相关，而与神经质存在显著负相关。回归分析表明，精神质是新手教师教学策略的有效预测变量，而内外向是熟手教师教学策略的有效预测变量。专家型与新手教师的比较研究是教师心理研究的一个重要课题。研究者希望借此找出新手型与专家型教师之间的差别，发现新手教师成长为专家型教师的规律，以使新手尽快发展为专家型教师，提高教师素质。

四、小学教师的人格特征

有研究者利用《卡特尔16种人格因素问卷》对558名小学教师

---

① 高明书. 全国部分骨干教师个性特征的初步调查 [J]. 北京教育学院学报：社会科学版，2001，15（3）：42-45.
② 汪小琴，胡国进，庄伟，等. 中学骨干教师人格特征的调查研究 [C]// 中国心理卫生协会第四届学术大会论文汇编. 2003：69-70.
③ 邢少颖，贾宏燕. 关于优秀幼儿教师人格特征的研究 [J]. 学前教育研究，2002（1）：43-46.
④ 韩进之，黄白. 我国关于教师心理的研究 [J]. 心理发展与教育，1992，V8（4）：36-42.

的人格特征进行了调查,并比较了小学教师与其他专业技术人员人格特征的差异,结果发现:第一,小学教师与全国专业技术人员的平均水平进行比较,在大多数人格因素上存在显著差异。其中,小学教师在 A(乐群性)、C(稳定性)、F(兴奋性)、H(敢为性)、I(敏感性)、M(幻想性)、N(世故性)、O(忧虑性)、Q1(实验性)、Q3(自制性)等项上的得分比较高;而在 B(聪慧性)、L(怀疑性)、Q2(独立性)3 项上的得分比较低。第二,男教师在 E(持强性)、H(敢为性)两项人格因素上的得分均数显著高于女教师;女教师在 A(乐群性)、M(幻想性)、N(世故性)、Q3(自制性)4 项人格因素上的得分均数显著高于男教师。第三,30 岁以下的教师在 F(兴奋)、H(敢为)、I(敏感)、M(幻想)等项人格因素的得分均数显著高于 30 岁及以上的教师,而 30 岁及以上的教师在 Q2(独立性)项人格因素的得分均数显著高于 30 岁以下的教师。其他人格因素项目上的得分均数之间无显著差异。[1]

概括来说,上述研究认为小学教师人格品质较优,多数人属于平和—外向型人格,心理健康水平较高。其主要人格特征为开朗乐群、情绪稳定、轻松兴奋、敢作敢为、富于幻想、对人对事热心而富有感情、思想自由开放、随和易与人相处、自律性较强。这些优良人格品质的形成一方面体现了社会对师范教育及师范生培养模式定型化的影响,另一方面也受教师角色职业特点所制约。一般认为,教师应该为人师表,忍让谦逊,构建和谐的人际关系,其教学应该传道授业,充满激情,体现团结合作精神。正是这种传统观念,潜移默化地影响了小学教师人格特征的形成。

小学教师的人格特征具有性别差异:男教师较女教师更为好奇、坚持己见,更大胆敢为;而女教师则较男教师更热情开朗、乐群外

---

[1] 吴素梅.小学教师人格特征现状研究[J].中国健康心理学杂志,2002,10(5):327-330.

向、富于幻想、人情练达、善于处世、自制力强。这主要是受到性别角色刻板印象的影响，在性别角色社会化过程中形成的。在个体成长的过程中，性别角色刻板印象潜移默化地塑造着个体按照不同的性别角色模板成长，使个体逐步形成了其与社会的要求相符合的人格特征。如有研究表明，对女孩与男孩的控制不一样。对男孩要求自我依靠，强迫他不能表露自己的情感，强调的是学业上的成就；而对女孩要求顺从，强调的是社会的和谐性。①

小学教师在人格特征上具有年龄差异。年轻教师较活泼、大胆敢为、富于幻想、较敏感，而中老年教师独立性较强。这说明青年教师由于刚工作或工作时间不是很长，对事物较为好奇，比较活跃，并且多数人对未来抱有憧憬、富于幻想，富有激情，有施展自己才能以实现自身价值的愿望，因此青年教师大胆敢为，但是青年教师工作经验、生活经验还不够，又使得青年教师比较敏感。中老年教师随着年龄和教龄的增长，逐步从敏感、感情用事偏向理智、重实际、不抱有太多幻想、看重传统观念，缺乏敢作敢为精神。但是中老年教师的生活经验、工作经验相对于青年教师来说更为丰富，因此，中老年教师的独立性则更强一些。所以，对青年教师或教龄较短的教师应该多给予支持和鼓励，而对中老年教师则更应侧重于激发他们的工作激情，以提高中老年教师的工作效率。

有研究发现，小学教师人格品质还存在一些问题，如依赖从众，独立性较差，知识面较窄，抽象思考能力弱，感情用事，创造力水平较低，有不少人专业成绩平平或较差。而造成这些情况的原因是多方面的。一方面，长期以来，师范学校的毕业生就业渠道一直较稳定，有些依赖性强，对自身要求不高，顺从父母或担忧前途的人，为求稳妥或考虑经济方面的原因而优先选择了师范专业，独立、好强、固执

---

① 戴维·冯塔纳. 教师心理学 [M]. 王新超译. 北京：北京大学出版社，2000.

的人则较少选择师范专业。①

五、中学教师的人格特征

研究者采用《"大五因素"人格问卷》，对1005名中学教师进行调查。结果表明，中学教师5种人格特质中的宜人性和尽责性得分最高，这与其他研究结果类似（教师在责任感、宽容、合作等方面表现出较高的水平）②；神经质特质得分最低。中老年教师的尽责性特质显著高于青年教师。从教师特征因素来看，中学教师在人格特质的宜人性方面存在性别差异，25岁以下的高学历教师在人格的开放性上显著高于其他年龄的教师，而不同职称的教师在人格各个特质上均不存在差异。③

骨干教师或者优秀教师的人格特征怎样？有研究者采用《卡特尔16种人格因素问卷》对303名中学高级职称的骨干教师进行调查。结果发现，中学骨干教师一般具有情绪稳定、成熟、有魄力、外向、乐群、和蔼、易与人相处、轻松兴奋、精明能干、处事得体、看问题比较客观理智等特质。这些优良品质是作为一个优秀教师的不可或缺的条件。同时，中学骨干教师的人格特征比较在性别上存在显著差异：女骨干教师比男骨干教师更为乐群、外向、和蔼、敏感、富于幻想；而男骨干教师比女骨干教师独立性更强，更有主见，不盲从等。这与性别角色在社会化过程中人们所给予的角色期待有关，使个体在潜移默化中形成了与社会要求相符合的性格特征。文化要求男孩要独立自强，要求其隐藏自己的情感，强调的是学业上的成就；而对女孩的要求往往是温柔顺

---

① 左吉玉.青岛市幼儿教师人格特征初探[J].心理科学，1998（5）：17-20.
② 刘恩允，杨诚德.教师人格对学生影响的相关性研究[J].山东师范大学学报（人文社会科学版），2003，48（5）：103-107.
③ 吴国来，沃建中.中学教师的人格特点研究[J].心理与行为研究，2006，4（3）：184-187.

从，沉默内敛，不事张扬。①

六、教师人格的发展

吴安春和曹树采用问卷调查法调查了300名中学教师的人格特点，并分析了教龄、职称、学历等影响中学教师人格发展的因素。结果发现，中学教师的人格发展到了成年期已基本趋于稳定；中学教师的人格特质发展主要受教龄因素的影响，自信型、活泼型、自我型特质与教龄之间不存在持续的正相关，而是曲线型发展的关系。中学教师的安静型人格特质发展也受职称因素的影响；学历与性别因素对中学教师的人格特质没有太明显的影响。②但李伟对324名小学教师的研究表明，不同学历的小学教师的人格特征存在一定的差异。③吴安春对211名小学教师的人格发展特点及影响因素的研究表明，教师的人格发展在成年期基本趋于稳定；教师的不同特质人格发展特点表现出显著的年龄特点，教师的自信型人格特质和思考型人格特质随着年龄的增长而呈上升的趋势，教师的自我型人格特质也有随年龄增长而加强的趋势，这种特点主要受社会地位等因素的影响。④

七、存在的问题和今后研究的方向

许多学者对教师人格的研究做出了贡献，但是，现有研究还存在一些亟待解决的问题，主要有下面几个问题。第一，理论研究有待深入和整合。教师人格的定义模糊，意见不一，需要进一步探讨。没

---

① 汪小琴，胡国进，庄伟.中学骨干教师人格特征的调查研究[J].中国临床心理学杂志，2004，12（1）：69-70.
② 吴安春，曹树.中学教师的人格发展特点及影响因素的研究[J].南京师范大学学报（社会科学版），1998（2）：77-821.
③ 李伟.南京市七所小学教师人格特征的测试与分析[J].南京晓庄学院学报，2001，17（3）：114-118.
④ 吴安春.教师的人格发展特点及影响因素的研究[J].徐州师范学院学报，1996（1）：129-133.

有一个公认的、科学的教师人格概念会造成各研究之间很难进行比较，造成公说公有理、婆说婆有理的现象。教师人格的结构包括哪些内容？研究者意见也不一致。人格的结构是一个重要的理论问题，它影响着后续的人格测评工具的研制，也影响着对新教师的培养教育工作。所以，要设法解决教师人格结构问题。第二，教师人格的测评工具问题。这是与前面的问题相关联的问题。现有的研究，有的利用一般的成年人人格测量量表，比如《卡特尔16种人格因素问卷》，艾森克的《"大五"人格问卷》等；有的研究干脆用作者自己编制的问卷进行测评。虽然我们不能因此怀疑其工具的可靠性和有效性（许多研究都报告问卷的信度和效度符合心理测量学的要求），但是，不同的问卷或者量表所得结果之间很难用来比较。因此，今后的一项重要工作是编制一套或者若干套适用于测量不同教师群体的人格问卷。

　　有研究者认为，开展教师人格研究的目的有两个：一是帮助教师完善自身的人格；二是促进学生的发展。[1] 从完善教师自身人格的角度来讲，未来教师人格的研究重点应为以下几个方面：第一，采取多学科的视角，借助于成型的研究理论，采用多种研究方法相结合对教师人格进行深入系统的研究。应当把实证性研究和解释性研究结合起来，以解释性研究得到某种理论构想，以实证性研究来加以检验。第二，加大教师人格研究成果的推广。研究成果可以在教师培养、选拔、继续教育培训方面直接应用。教师教育课程的设置要充分考虑培养学生的人格特质；教师选拔中要考虑对准教师人格的而评估，把那些具有发展潜力，有望培养成优秀的教师的人才招聘到教师队伍；在教师继续教育中，加强教师人格素养的培训工作，塑造教师人格魅力。教师人格修养是自主的内省活动，教师个人应该主动学习借鉴教师人格研究的成果，不断加强自身人格修养。从学生发展的角度来

---

[1] 蔡岳建，谭小宏，阮昆良. 教师人格研究：回顾与展望[J]. 西南大学学报（社会科学版），2006，32（6）：15-18.

讲，未来的教师人格研究注意力应集中在测量和捕捉能够影响学生身心发展的教师人格变量。从教师人格中找出影响教育教学效果的敏感性因素或关键性因素，找到培养高水平教师的有效方法和途径，提高课堂教学质量和教书育人的水平。在以往研究中，探讨教师人格与学生发展之间关系的研究很少。教师人格对学生的影响是如何产生的？教师人格通过什么途径或方式对学生的发展产生影响？这种影响是弥散性的，还是存在着某种中间变量？诸如此类的问题现在还没有得到较好的回答，需要对教师人格影响学生发展的作用机制进行深入的研究。另外，教师对学生的影响是动态的，存在交互的作用。因此，教师人格与学生成长之间关系的研究还需要借鉴相互作用心理学的研究思路。[1] 笔者认为，除了以上问题，还有些重要的课题亟待解决包括：第一，教师人格特质是否具有独特性问题；第二，义务教育阶段教师的人格特征是否不同于其他阶段的教师；第三，是否有必要特别关注教师的特有人格特征；第四，如何甄别教师特有的人格特征。

心理学、教育学等学科对教师心理进行了一些研究，取得了一些有借鉴意义的成果。笔者认为，对教师人格特征研究应该有两个方向：一个是自上而下的方向，即根据社会、文化、教育目的、教育对象的特点等的要求，研究教师应该具备哪些人格特征；另一个是自下而上的方向，即对合格的、特别是优秀教师的研究，发现哪些人格特质对做好教学和教育工作有益。然后，把二者研究的结果综合起来作为评价和选拔教师的重要参考。纵观学界相关研究，两个方向的研究都有，但是，第一个方向的研究似乎多是理论性的探讨；第二个方向的研究多属于量化的研究。笔者认为，应该将二者结合起来才能得到完整的教师人格面貌。

---

[1] 蔡岳建，谭小宏，阮昆良. 教师人格研究：回顾与展望 [J]. 西南大学学报（社会科学版），2006，32（6）：15-18.

第六章

义务教育阶段教师心理健康素质访谈研究

"教师是太阳底下最光辉的职业",教师不仅要把科学知识传授给学生,更要教会学生如何做人。然而,教师自身素质的优劣影响着学生的发展,而教师心理健康素质的好坏会直接影响到学生的心理健康。具有完好心理健康素质的教师,不仅为在校学生传递积极的正能量,同时对教师自身生活及工作的发展有更大的益处。笔者从积极心理学的视角出发,采用了访谈法,试图考察义务教育阶段教师所具有的心理健康素质,为编制义务教育阶段教师的心理健康素质测评问卷打下基础。为保证访谈的真实性,笔者未对访谈内容做技术处理。

第一节 教师心理健康素质访谈研究设计

一、访谈目的

通过对一线教师和学校领导访谈研究的方式,对于心理健康素质的内容和结构进行探讨。

二、研究方法

（一）被试选取

访谈对象来自河南省开封市的县街小学、河南大学附属中学和小学、开封市第二十一中学等4所义务教育阶段的初中和小学，共选取29名在职教师（13个中学老师和16个小学老师）和4名校长。33名被试包括男教师10名，女教师23名，参与访谈教师的平均年龄为36.2岁（$SD=9.6$），平均教龄为13.4年（$SD=10.1$）。

（二）访谈提纲的编制

本次研究采用文献法和访谈法进行收集编制量表的资料，对收集的资料按照扎根理论进行编码，编码后提取核心要素。

对相关的文献进行研究发现，总结出针对教师的心理健康素质研究的访谈提纲，提纲包括9个问题，被试需要对每一个问题进行回答，必要时会进行追问，问题如表6-1所示。

表6-1 访谈提纲

访谈问题
Q1 您认为心理健康的人有什么特点？
Q2 您认为心理健康的教师应该具备哪些特征？
Q3 您认为在周围的教师中心理健康的人占多大比例？
Q4 您认为心理健康的义务教育阶段的教师在认知方面应该具有哪些特点？
Q5 您认为心理健康的义务教育阶段的教师在情绪方面应该具有哪些特点？
Q6 您认为心理健康的义务教育阶段的教师在意志活动中应该具有哪些特点？
Q7 您认为心理健康的义务教育阶段的教师应该具有哪些人格特征？
Q8 您认为心理健康的义务教育阶段的教师应该具有哪些能力？
Q9 您认为您所在阶段的教师与其他阶段的教师相比，有什么特殊的素质要求？

（三）访谈过程

在进行访谈之前做好各项准备工作，包括准备好记录工具、拟定访谈中要提问的问题、培训主持访谈的人员等,访谈的指导语见附录一。每一次访谈需要两位访谈者配合进行,其中一位负责提问与录音,另一位主要负责纸笔记录和补充提问。访谈的问题是半结构性的,被访者的回答是开放式的,对每位被访者的访谈时间在 30 分钟之内。访谈中,简要记录被访者的回答,包括语言回答和非言语反应,并根据实际情况进行实时调整。同时,在访谈开始前访谈者会向受访者说明匿名原则并且征得其同意的情况下,对访谈内容进行录音,以方便对访谈内容进行整理和数据处理。

(四)访谈资料的整理

在访谈结束后对访谈资料进行整理。资料的整理首先从转录开始,对获得的 33 段访谈录音进行细致的转录,得到的文字使用 Microsoft Office 2007 记录保存。为了方便文字资料的整理和对受访者的信息进行保密,在转录的同时对文字资料进行标注。标注的规则有以下几个标准:英文字母 Q 代表的是访谈者所提问的问题,随后的数字代表的访谈者所询问的问题编号,如 Q1 代表的是访谈者的第一次提问。受访者采用的是学校+数字的组合,例如县小 4 表示受访者来自开封市县街小学的第四位受访者回答访谈者问题的内容,附小 2 表示受访者是河南大学附属小学第二名接受访谈的教师,以此类推。

对已经转录完毕的文档进行提取要素。将符合问题的能够表现出一定品质的语句以及词语进行标注处理,然后将标注出的语句进行整理汇总,邀请 3 名心理学专业的硕士研究生一起进行汇总工作,对语义相似或者相近的词语进行合并,并统计次数,得出核心要素。根据核心要素对教师心理健康素质的结构进行探讨。

第二节 访谈结果的整理和分析

一、主要结果

以下是访谈内容的举例说明。

Q2：您认为心理健康的教师应该具备哪些特征？

县小4：首先第一点，他在态度方面应该是乐观积极的，第二点，我觉得他应该要保持自己的身心健康，也就是要经常锻炼身体啊。要展现出自己生命当中阳光的一面，然后他阳光的一面也可以影响到学生，而如果他每天都感觉到很疲惫呀，生活态度不积极啊，那慢慢地，他的生活习惯就会导致他的心理不健康，在人际关系上，要与同事互相协作，这个互相帮助并不是指我必须得帮你完成某些事情，而我在某一些工作上需要双方合作的情况下，那我们就去合作，我们应该要彼此完成自己分内的事情。还有一点就是对于家长，心理健康的老师与学生家长勤联系，与学生家长，通力合作，都是为了孩子。对于学校的安排，如果是需要他安排的，一定要尽力去完成。主要是体现一种责任感，对于领导的安排不带有排斥的心理。

附小2：比如，领导布置下来的教育教学任务，不管是教学活动还是少先队的、班级的活动都能积极地组织孩子去开展。在教育教学过程中遇到一些问题可以合同时积极地去沟通，形成团队的力量，遇到问题可以查阅相关资料，主动地、很好地去完成工作。另一种是在与孩子家长沟通的过程中，遇到孩子的问题，及时与家长沟通，向孩子家长进行家庭教育指导，对家庭教育不理想的家庭不放弃，而是积极地进行指导，比如经常发短信，经常联系，经常和孩子交谈，和家长交谈，做好孩子的家庭教育工作。另外遇到一些不能理解老师的家长或者孩子在一起出现问题的家长，能够进行积极的调试，能够和家长进行很好的沟通，能够让班级形成良好的班风，能够让班级积极向上起来。

附中2：我觉得应该是这样几点：第一点是能够处理好工作和生活的关系。工作之外和工作内应该是不相牵扯的。再一个是能给自己减压。工作呀教学难免会遇到压力。你自己要妥善处理，你自己对自己能进行心理疏导，自我减压。能够去倾诉，而不是憋在心里。我觉得心理不健康的人都有一个特征就是有事憋在心里不说。心理健康和需要能够找到人倾诉，而乐于去倾诉。再一个要有适度的自我调节。

十四中6：我认为心理健康的教师主要有以下几点。第一，自己本身可以开导人，自己在处理事情上有着积极健康的心态，而不是负面偏激的心态。第二，可以带给他人积极乐观的状态。第三，可以恰当地处理事情。第四，对待同事、学生会表现得有耐心，不会有过激手段，不会像网上那些存在过激的师生关系。第五，面对家长时是互相尊重的，不会因为一些事情而过分争执，可以平静地讲述一些事情来寻求家长的帮助、意见和建议，进行一种良性的沟通。第六，对上级的建议会积极采取，但是人无完人，有些建议与自己的岗位要求不符时，也会自己做出一些调整，还是主要以自己的实际情况为主。第七，对待自己的职业态度时是在适应到乐观之间变化的，不可能一开始就很热爱某一个岗位，都是慢慢适应之后有了成就感之后才会慢慢地喜欢自己的职业。第八，在情绪方面是处于稳定和欣喜之间的，当然，有时也会有些烦心事，但不带到课堂中、教学中以及与人相处中，自己在私下生活中可以自己调节好。第九，在教学能力上更容易让学生接受，比较有趣味。可以给学生带来良性的影响。大概就这些吧。

笔者对收集的33人共近4万字的访谈记录，通过标注、提取的方法，得到频次较高的 24 个要素，具体的要素频数见表 6-2。

表 6-2　访谈要素频次

要素	频次	要素	频次	要素	频次
阳光	42	尊重家长	30	心平气和	22
积极	41	家庭和睦	28	与同事和睦相处	21
乐观	41	理解学生	26	宽容	21
热爱工作	37	不生气	24	善良	20
积极影响	35	言传身教	24	对得起良心	20
与家长沟通	35	专业扎实	24	抗压能力	20
负责任	33	有耐心	23	传播正能量	20
一视同仁	33	有应变能力	22	客观	19

对于已经收集归纳的要素，我们最后又进行了整理和汇总，从高频要素里提取了认知、情绪、行为、个性 4 个心理品质一级维度，16 个义务教育阶段教师心理健康素质的核心要素。

下面我们对 4 个心理品质一级维度做详细讲解。

认知品质维度：认知品质维度主要包括了教师在访谈中提到的面对人生态度、看待外在的事物以及如何与学生、学生家长、同事相处。具体在要素中体现为积极的人生态度，客观地认识事物，尊重家长，理解学生，专业扎实。以上 5 点在访谈中都有具体的体现，如"态度方面乐观积极""三观正确，对生活的态度积极向上""对事物有正确的看法和取向""对待学生，教育和促进，要辅导学生的学习和教会学生做人的道理""对待家长要督促和提醒家长正确的引导孩子成长""平时与同事和谐相处""教师应该对自己所教授的学科有一个专业上的认知和整体把握，能够从容地教授给学生""老师和学生之间，老师要宽容学生，不能以武力的方式解决问题"。

情绪品质维度：该维度在访谈中主要有两个方面的内容：一个是在日常生活中保持心情的愉悦，另一个是能够在情绪不好的情况下快速地把情绪调整到平稳的状态。综合所有访谈资料，最终决定将两个方面合成一个要素即情绪调控维度。因为情绪调控既需要平时保持愉悦的心境同时在面对应激刺激时候也可以快速地把情绪调整回平稳的状态。在访谈中，大部分教师对于情绪方面的回答是类似的，比如"学会控制情绪，一到班里，马上进入教学状态，不能带情绪上课""对情绪调控要理性，对负性事件，要正确健康的心态来处理"，"我认为自己健康的教师在情绪调控的方式上可能不太一样，但是他肯定有调控情绪的能力和调控情绪的方式"，"情绪要保持平稳，但是偶尔有波动是正常的，整体平和就好"。

行为品质维度：行为品质主要包含的内容有教师在日常行为中需要的品质特征，包括对学生的积极方面的影响，能够尽心尽力的工作，能够组织一个和睦的家庭以及具有相应的应变能力去面对突发事件。具体在要素中，体现在积极影响、热爱工作、家庭和睦、有应变能力。这4个要素在访谈中也有不少的教师提到，如"在行为上身体力行的教会学生，引导学生"，"借助教学，如语文课文来引导，从生活中的小事入手"，"我认为心理健康的教师，要从正面儿去影响孩子"，"家庭和工作之间会有一些影响，对学生全身心的投入，会影响家庭，但是要尽量分开，不让工作和家庭互相影响"，"对待自己的职业态度时是在适应到乐观之间变化的，不可能一开始就很热爱某一个岗位，都是慢慢适应之后有了成就感之后才会慢慢地喜欢自己的职业"。

个性品质维度：个性品质主要包含有心理健康的教师在个性上所表现出来的特质，其中包括负责任、道德感（对得起良心）、有耐心、宽容、乐观、善良。这些特质不仅与之前的研究相符合，也与在访谈中教师们的回答相匹配。如"我认为心理健康的老师在处事上应该是不阴暗的，是善良的"，"我觉得首先要善良，然后对生活比较热爱，去感知世界，生活中比较美好的东西"，"要非常有耐心，这个非常重要。你们这个阶段的学生有很多性格,会形成很多毛病。如果没有耐心的话,就更正不了学生身上的毛病,有时候还会伤害他们,教师需要有耐心,因为有些知识对学生来讲接受还是比较困难的","对工作的态度负责,积极乐观","教师是良心职业"。

二、其他结果

(一)心理健康的人应具备的特点

校长和中小学教师对心理健康的人应该具有的特点有如下几种回答:性格上积极阳光,开朗;要有良好的心理素质,有心理承受能力;有协调沟通能力和解决问题的能力;在情绪上保持乐观的态度等。在认识上,要有正确的世界观、人生观和价值观;具有丰富的专业知识和一定的教育教学知识。在品质上,有爱心、有责任心等。在访谈中,教师比较集中的回答是,"生活充满阳光,工作踏踏实实,认认真真","做事积极,阳光向上,面对挫折能够及时调整,遇到新的问题,到新的环境能够尽快适应,遇到人际沟通障碍的时候能够站在对方的角度理解别人,能够和别人和谐相处","充满活力,积极的心态,愉快的工作,积极向上的态度"。

(二)心理健康的教师应具备的特征

义务教育阶段的教师对心理健康的教师应具备的特征主要有以下几种回答:从性格上讲,要乐观阳光,积极面对生活。从工作层面上讲,要热爱工作,热爱学生,对学生负责。从能力上讲,要有感染力,能够以身作则的影响学生,要有适应能力,能够适应学生,适应学校,能够与同事、领导、学生平等相处。在访谈中老师的具体回答有:"心态好,不斤斤计较,能够自己减压","人际关系好,不受外界环境所左右，心态平和"，"对待学生方面，要让孩子全面发展，也能促进个性发展；对待同事方面，融洽相处；对待领导，要尊敬；对待家长，要多沟通，需要双方的合作共同教育孩子"。

（三）心理健康的人的比例

对此问题，被访者观点分歧较大。乐观者估计心理健康的人在90%以上。悲观者估计心理健康的人只有20%，甚至更少。多数被访者认为心理健康的人占绝大多，比例在80%～90%。观点的分歧暗示，不同的老师可能经历了不同的社会经验，对于心理问题的发生率是按照自己所得经验估计的。

（四）心理健康的义务教育阶段的教师在认知方面应具备的特征

被访者在回答此问题时大多都提到，要对人生有正确态度、看待外在的事物客观理性的态度，正确认识和处理老师与学生、与学生家长、与同事相处中的问题。具体来讲被访者往往强调要有积极的人生态度，客观地认识事物，理解学生，尊重家长。具有代表性的回答如，"态度方面乐观积极"，"有正确的世界观、人生观和价值观"，"对生活的态度要积极向上"，"对事物有正确的看法和取向"，"对待学生，要正面教育和激励，要辅导他们的学业和教会他们做人的道理"，"要督促和提醒家长正确地引导孩子成长"，"正确认识和处理师生关系，老师要宽容学生，不能以武力的、消极的方式解决问题"等。

（五）心理健康的义务教育阶段的教师在情绪方面应具备的特征

被访者在谈到情绪品质时涉及两个方面的内容：一是在日常生活中保持心情愉悦；二是在情绪不好的情况下能够快速地把情绪调整

到平稳的状态。多数教师对于情绪方面的回答都是类似的，比如"学会控制情绪，一到班里，马上进入教学状态，不能带情绪上课"，"对情绪调控要理性，对负性事件，要正确健康的心态来处理"，"我认为自己健康的教师在情绪调控的方式上可能不太一样，但是他肯定有调控情绪的能力和调控情绪的方式"，"情绪要保持平稳，但是偶尔有波动是正常的，整体平和就好"。

（六）心理健康的义务教育阶段的教师在行为意志方面应具备的特征

意志体现了一个人为实现目的而克服困难，排除干扰，坚持追求目标的心理活动，表现在人的行为活动中，因此意志和行为密切联系。义务教育阶段教师的意志和行为品质主要体现在教师的教育教学活动中需要的良好的行为品质，比如工作具有明确的目标，有较好的计划性，不怕失败，不怕挫折，有勇于克服困难追求卓越的精神。访谈中不少教师都强调，教师要"在行为上身体力行，潜移默化教育学生，引导学生"，"借助教学，如语文课文来引导，从生活中的小事入手养成良好习惯"，"我认为心理健康的教师，要从正面儿去影响孩子"，"家庭和工作之间会有一些冲突，但是不能因此影响工作。对教学要全身心地投入"，"对待自己的职业态度时是在适应到乐观之间变化的，不可能一开始就很热爱某一个岗位，都是慢慢适应之后有了成就感之后才会慢慢地喜欢自己的职业"。

（七）心理健康的义务教育阶段的教师在人格方面应具备的特征

个性品质主要包含有心理健康的教师在个性上所表现出来的特质，其中包括负责任、道德感（对得起良心）、有耐心、宽容、乐观、善良。这些特质不仅与之前的研究相符合，也与在访谈中教师的回答相匹配，如"我认为心理健康的老师在处事上应该是不阴暗的，是善良的"，"我觉得首先要善良，然后对生活比较热爱，去感知世界，生活中比较美好的东西"，"要非常有耐心，这个非常重要。你们这个阶段的学生有很多性格，会形成很多毛病。如果没有耐心的话，就更正不了学生身上的毛病，有时候还会伤害他们，教师需要有耐心，因为有些知识对学生来讲接受还是比较困难的"，"对工作的态度负责，积极乐观"，"教师是良心职业"。

（八）心理健康的义务教育阶段的教师在能力方面应具备的特征

在校长与教师的访谈中，我们发现在教师能力上的特征主要包括：教学能力，包括能够完全理解教学任务并有效的实施下去；沟通能力，包括与学生，与学生家长，与领导同时相处时应该具有的沟通能力；协调好工作和家庭之间的能力。在访谈中具体的体现有"教师应该对自己所教授的学科有一个专业上的认知和整体把握，能够从容的教授给学生"，"心理健康的教师要合群，能够与同事很好的交流"，"能够尊重学生，并且能够了解学生的诉求"，"要能将工作与生活分开，不会将生活当中发生的事情带入工作当中"。

（九）义务教育阶段的教师与其他阶段的教师相比应具备哪些特殊的素质

小学教师认为，小学阶段的教师相比较其他阶段的教师需要更多的爱心，因为学生的年龄普遍较小，所以需要放低姿态，从儿童的视角出发为学生着想。初中阶段的教师则认为，初中阶段的学生正处于身体成熟而思想不成熟的阶段，需要教师更多的指导，所以更多的是需要一些在学生中间的影响力，能够积极地引导学生向好的方面发展的一种影响力，而这种影响力可能需要教师更多的平等的与学生交流才能获得。

三、讨论

本次研究的目的是通过对 33 名义务教育阶段的教师和学校领导进行访谈，了解小学和初中的教师与领导对于教师心理健康素质的具体看法，总结和概括出义务教育阶段教师心理健康素质的结构。

（一）关于访谈的必要性和可行性

关于访谈的必要性。要编制符合测量学标准的心理行为问卷，一个重要的问题是解决问卷项目的来源问题。一般来说，问卷项目的来源有：一是参考同类问卷，选择适用的项目；二是参考相关研究；三是通过开放性问卷或者访谈收集项目。因此，按照心理学问卷编制的常规要求，我们除了通过前两个途径获得项目以外，还要进行相关人员的访谈，获得第一手的资料，从中总结概括有用的项目。这也是类似研究常用的项目收集方法。[1] 因此，我们进行了教师与学校领导的访谈。

关于访谈的可行性。上述已经谈到类似研究也用到访谈法收集问卷的项目，因此访谈是收集项目必要的手段和途径。研究义务教育阶段教师的心理健康素质问题，能否通过访谈收集到高质量的、可用的问卷项目吗？这种方法是否可行？从实践和同类研究的实践情况来看，访谈法是可行的、有效的。原其因有：第一，中小学教师和领导工作在基础教育的第一线，有些教师或者领导从事义务教育阶段的实际工作已经数十年，积累了丰富的经验，他们亲力亲为，对中小学教师的生活工作情况了如指掌，对中小学教师的思想、情感、人格等具

---

[1] 李婷婷，刘晓明. 教师心理健康素质问卷编制 [J]. 中国健康心理学杂志，2015（8）：1204-1212.

有切身体会和深刻认识，对教师应该具备的心理健康素质也有全面、深刻的认识，因此，通过访谈了解教师的心理健康素质的要素、特点等内容是可行的；第二，教师具有相当水平的概括能力、语言表达能力，能够按照访谈研究者的要求，准确理解和把握访谈问题的要点和实质，表达出研究所需要的内容。事实上，在每一次的访谈过程中，我们都要详细介绍访谈的目的与访谈要求，对访谈提纲涉及的问题进行全面深入的讲解，确保每一位参加访谈的教师和领导均能准确地理解访谈问题。比如我们通过询问访谈对象是否理解了访谈问题，得到正面的答复之后，我们还可能请求被访者复述和解释我们所问的问题。如果发现个别老师没有正确理解，我们将继续进行解释，直到所有参与者都确信自己理解了问题。

（二）关于访谈的信度和效度

研究者认为，影响访谈效度的主要因素可能是结构因素[1]；而影响的主要因素可能是访谈的结构化、标准化、对主试的培训是否规范等因素。因此只要严格按照访谈法的要求进行研究性访谈，就可以保证访谈具有较高的信度（reliability）和效度（validity）的[2]。

我们知道，信度是指多次测量结果之间的一致性程度，也就是测量的可靠性、稳定性。效度是指一项研究的有效性，即对于我们的测量目的而言，测量工具能够测出研究者想要测量的某种特质的程度。[3]有研究者认为，如果能够保证访谈过程、转录和分析等过程都具有一致性，那么就能确保访谈具有较高的信度。影响访谈研究信度的因主要包括3方面，即访谈设计、标准化和研究者的培训。有研

---

[1] 王叶毅，王重鸣．影响访谈信度和效度因素的研究 [J]．人类工效学，1998（1）：1-4．
[2] 孟慧．研究性访谈及其应用现状和展望 [J]．心理科学，2004，27（5）：1202-1205．
[3] 李灿，辛玲．调查问卷的信度与效度的评价方法研究 [J]．中国卫生统计，2008，25（5）：541-544．

发现访谈设计不同，访谈结果的信度也有差异。一般来说，通过小组访谈所得结果的信度比单个人的访谈所得结果的信度要高。研究还发现，信度和效度都依赖于访谈的结构化和标准化。标准化就是规范化，就是要求在访谈研究中，对访谈的问题进行标准化，对所得材料的编码进行标准化，对数据分析过程也进行标准化。研究发现，事前对参与的研究者进行培训可以提高访谈研究的信度。[①]我们在访谈研究的准备阶段，对访谈进行了详细的计划，对访谈问题、编码方法和数据处理方法都进行了事先的准备；对参加访谈的工作人员也进行了严格的培训，确保访谈进程和后期的编码与数据处理规范、一致，最大程度上提高访谈的信度。

正如前述，以往研究发现结构因素或许是影响访谈效度的重要因素。[②]严谨规范的访谈结构要求对访谈过程严格控制，研究者要时时监控谈话的内容和方向，一旦发现"跑题"就要及时引导和纠正，保证谈话的内容是研究者所需要的话题范围内的内容，而不是"东拉西扯"。为此，在本次研究之前，我们对访谈提纲进行了仔细推敲，使其问题明确，表意清晰没有异议，所有问题均参考前人研究并结合我们的研究目的而精心设计。这样我们在事前就保证了问题的标准化。准备阶段我们也考虑了对访谈材料的转录和编码的标准化。综上所述，我们的访谈研究具有一定的信度和效度。

（三）关于访谈结果的评价

1. 关于心理健康的人应具备的特点

研究者在访谈之前要认真研究心理健康的基本标准并形成自己的基本观点，有个基本的理论框架，这是进行访谈研究的理论基础。

[①] 王叶毅，王重鸣. 影响访谈信度和效度因素的研究 [J]. 人类工效学，1998（1）：1-4.
[②] 孟慧. 研究性访谈及其应用现状和展望 [J]. 心理科学，2004，27（5）：1202-1205.

世界卫生组织这样给健康下定义：健康不仅是没有疾病，不体弱，还是一种躯体、心理和社会功能完善的状态。看来心理健康是健康的必然要求。但是，心理健康者的心理行为特点或者标准是什么？这一直是学界争议的问题。有研究者认为，不同个体的不同适应状况决定其心理健康水平并导致个体间心理健康水平的差异，而个体只要能以自己的方式正常或良好地适应各自的心理生活和社会生活，均应被视为心理健康的人。[①]郭念锋认为，心理健康的标准包括对环境的适应能力、心理活动的强度（对突如其来的打击、困难的承受力）、心理活动的耐受性（对长期压力的耐受能力）、自控能力、自信心、自尊心、良好的注意品质、良好的社会交往状态、对暗示的敏感性和良好的心理康复能力。[②]

研究者总结了1992—2001年国内对心理健康标准的讨论情况，并归纳出国内学者对心理健康标准认识的趋势。第一，强调多学派心理健康观在心理健康标准研究中的体现和整合。比如刘华山借鉴国内外学者的成果归纳出6条心理健康的标准：对现实正确的认识；自知、自尊与自我接纳；自我调控能力；与人建立亲密关系的能力；人格结构的稳定与协调；生活热情和工作效率，从中就不难发现其受认知主义、行为主义，精神分析、人本主义等学派心理健康观的影响和启迪。第二，注意生存标准（众数标准）与发展标准（精英标准）的统一和协调。第三，兼顾影响心理健康各因素的静态分析和动态评估。第四，开始进行我国古代心理健康思想的挖掘和整理。第五，着手展开实证研究以形成对理论研究的支撑和验证。[③]虽然学界对心理健康标准进行了上述的探讨，但是目前还没有哪一位学者的观点或者

[①] 叶一舵. 心理健康标准及其研究的再认识[J]. 东南学术，2001（6）：169-175.
[②] 郭念锋. 临床心理学[M]. 北京：科学出版社，1995.
[③] 田宏碧，陈家麟. 中国大陆心理健康标准研究十年的述评[J]. 心理科学，2003，26（4）：704-708.

标准被广泛接受。我们认为标准确定的前提条件是理清标准的维度，即从心理结构上确定哪些方面应该制定标准，或者说从心理结构上说，我们至少在多少个维度上来评价心理健康。按照这种思路，我们认为至少要考虑从认知、情感、意志行动等心理活动过程方面和能力与人格等心理特质方面制定标准心理健康的标准。因此我们在访谈提纲中设计的问题包含了上述两个大的方面。

2. 与同类研究的比较

我们的整个访谈提纲都是针对教师心目中心理健康的教师在工作中，生活中需要的特质来进行提问的。这样做的原因是一线教师能够比较贴切的描述出教师在工作及生活中面对的琐事和工作中的要求。访谈中的第 3 个问题涉及周围的教师中有多少是心理健康的。在众多教师的回答中，80%～90% 教师是心理健康的。设计该问题的初衷是为了验证教师对于心理健康的概念是否理解，虽然暂时并没有相关的研究数据说明教师心理健康素质的一般水平，但是通过教师自身对于其朝夕相处的同事的判断还是有一定价值的。

从质性分析的结果看，受访者对于心理健康教师的特点这一问题的回答与之后的一些问题有重合，这也表明大部分教师对于心理健康素质的看法较为类似，主要涵盖了认知品质、情绪品质、行为品质以及个性品质。在 33 名受访者中，大部分教师认为自己是心理健康的同时，还认为周边的教师也是心理健康的。还有一部分教师则持有不确定的态度，"我认为我是健康的，但是在面对压力的时候会有些不太自在，尤其是中小学教师的工作压力大，都是有目共睹的"。类似的描述还有很多。这种不太确定的回答的根本原因在于，心理健康素质是一个多方面的综合素质，虽然受访者承认其在某一方面是不太优秀，但是并不能用某些一般的素质来否定其他素质的优秀，教师对自己的判断都是从不同的角度出发，所以通过访谈研究确定心理健康素质的维度是十分必要的。

有研究者就教师心理健康素质问题对中小学和大专的老师进行访谈，结果显示，教师心理健康素质分为一般心理健康素质和职业心理健康素质。教师一般心理健康素质分为认知、情绪、行为与人格4种内在心理品质，认知包括文化素养、尊重赏识；情绪指情绪调控；行为包括正向引导、爱岗爱家；人格包括善良宽容、心胸开阔、积极乐观。教师职业心理健康素质分为教学和管理两个方面，教学方面包括理解教学目标的能力，正向引导学生的能力；管理方面包括把握学生心理发展的能力、与学生进行心理沟通的能力以及应对学生问题行为的能力。[①] 与此项研究不同，我们的研究没有发现"职业心理健康素质"维度，原因是我们在设计访谈提纲时没有考虑这个维度。当时不考虑职业心理健康素质维度的原因是，虽然教师的职业特征、职业要求和长期的职业实践会使教师形成特殊的不同于其他职业从业人员的心理与行为特征，但是这些特征会特现在其人格结构中。比如，义务教育阶段的教师必须有爱心、细心、耐心等，这些特征经过长期的职业训练会沉淀为其人格的要素。

四、结论

通过对33名义务教育阶段教师和校长的访谈，了解了其对义务教育阶段教师应具备的心理健康素质的认识。通过分析发现，受访者对于心理健康素质的认识，从结构上看可以概括为教师的认知、情绪、行为、个性、能力等维度，或可为义务教育阶段教师心理健康素质测评问卷的编制打下了基础。

---

① 李婷婷，刘晓明. 教师心理健康素质问卷编制 [J]. 中国健康心理学杂志，2015（8）：1204-1212.

第七章

《义务教育阶段教师心理健康素质问卷》的编制

第一节 预测问卷的编制

一、研究目的

本章的研究目的是在前述访谈研究的基础上,以与教师心理健康素质相关的问卷为参考,进行义务教育阶段教师心理健康素质问卷的初步编制,并对该问卷进行信效度检测。

二、研究方法

(一)项目编制

本次研究主要采用两方面的资料进行项目编制,首先是基于前述访谈研究的结果,其次是结合前人已有的心理健康素质问卷,包括俞国良编制的《教师心理健康评价量表》和郑希付编制的《青少年心理健康素质调查表个性素质分量表》。根据研究一中的结果并结合已有的文献来看,心理健康素质的认知、情绪、行为、个性4个心理品质维度,能够较好地涵盖心理健康素质的各个要素,并且这也是质性研究所得出的结论，因此将这个4维结构作为理论构想十分合适，即认知品质（积极的人生态度，客观地认识事物，尊重家长，理解学生，专业素养）；情绪品质（情绪控制）；行为品质（正面引导，爱岗敬业，家庭和睦，应变能力）；个性品质（责任心、道德感、恒心、包容、乐观、善良）。根据之前访谈研究中访谈者回答的内容以及之前所参考问卷的形式邀请了2名心理学专业硕士研究生对16个二级维度进行了项目编制，编制出的初始问卷共有102道题目，采用的是利克特5点计分（1表示完全不符合，2表示不太符合，3表示说不清楚，4表示基本符合，5表示完全符合）。编制完成后，将问卷转交于另外2名心理咨询专业研究生和1名心理学专业教师阅读和试做，按照其提出的建议进行修改完善后得到预测问卷。

（二）研究对象

预测问卷施测在开封市第十四中学和开封市金明小学进行，参与问卷调查的教师共有230名，共回收有效问卷193份，问卷有效率为83.9%。在193名教师中，男教师有33名，193名教师的平均年龄为36.3岁（$SD=8.7$），平均教龄为14.6岁（$SD=9.4$），其中班主任为80名，被试的任教科目包含了义务教育阶段所有的科目。

三、研究过程

（一）项目分析

1. 依据决断值（CR）进行项目分析

在进行决断值检验时，把所有参与者的问卷总分从高到低进行排序。反选题目及测谎题目分数进行处理后全部相加计入总分。量表总分在中前 27% 的被试设定为高分组，后 27% 的被试设为低分组，使用独立样本 t 检验对处于不同分组的题目得分差异进行检验，删除差异值没有达到显著水平的题目。

在本研究中，将所有被试的量表总分进行排序后，高分组的最低分数为 462 分，低分组的最低分数为 416 分，将高分组与低分组的所有题目得分进行独立样本 t 检验，最终结果为所有题目都达到了 0.001 的显著水平，因此不需要删除题目。

2. 依据题总相关进行项目分析

在进行题总相关分析时，需要计算所有题目与量表总分的相关系数，根据相关系数的大小来删选题目。一般情况下，将题目与总分的相关系数大于 0.8 的以及小于 0.3 的题目删除，因为题目与总分的相关系数太低说明该题目与问卷的同质性太低，而相关系数太高则又说明了与其他内容相似。在本研究中，按照以上规则共删除 9 个题目，分别为题目 12～16、41、45、76、97，删除以上题目后，剩余 93 道题目，剩余题目的题总相关系数都在 0.311～0.618。

（二）效度检验

在对预测问卷进行探索性因素分析前，需要使用 KMO 检验与 Bartlett 球形检验对数据进行检验。根据统计学家 Kaiser 取样适当性指数的观点，KMO 值的范围应该是 0～1。若 KMO 值小，则代表问卷中各个变量间的相关小，不适合采用探索性因素分析；若 KMO 值趋于 1，则说明各变量间的相关大，适合探索性因素分析。而 Bartlett 球性检验方法则认为，原始变量的相关系数矩阵是单位矩阵，对角线元素为 1，其他元素为 0。如果 Bartlett 球形检验显著，则说明该组数据可以进行探索性因素分析。

依照上述规定，笔者使用 SPSS 21.0 软件对本研究的预测问卷数据进行检验，结果表明，KMO 为 0.836，Bartlett 球形检验值为 10 375.461，$df=2285$，$p<0.001$，达到显著水平，以上两组数据说明本组数据适合进行探索性因素分析。将数据正交旋转后，可以提取 10 个公共因子，累积解释变异量的 68.9%，因子提取结果如表 7-1 所示。

进行探索性因素分析是为了对已有的题目进行筛选。筛选的要点主要有以下两个方面：一个是题项的载荷值，另一个是题项的共同度。题目的载荷值表示题项与其他公共因素之间的相关性程度，若题项在一个因素上的载荷值大，则意味着这个题项与这个因素有较高的相关性。而题目的共同度是每个因素上载荷值的平方，代表题项用于解释公共因素的变异量的百分比，可以解释题目与因子的相关性，如果一个题目在多个公因子上出现，而且载荷值都很高，就出现了交叉载荷，需要进行删除。所以，在探索性因素分析中，应该选取的是在单一因素上载荷较高的题目。一般来讲，一个题目在一个因素中载荷值在 0.3 以下的可以认定为该题目与此因子相关性较低，若一个题目在两个因素中的载荷值均大于 0.3，但是两个载

表 7-1 因子提取结果

因素	特征值	变异数百分比 /%	累积解释变异百分比 /%
1	12.838	26.746	26.746
2	4.095	8.532	35.278
3	3.685	7.678	42.956
4	2.844	5.926	48.882
5	2.159	4.497	53.379
6	1.900	3.959	57.338
7	1.637	3.410	60.749
8	1.383	2.881	63.630
9	1.306	2.720	66.350
10	1.234	2.570	68.920

荷值之间相差大于0.25时可以认为该题目与一个因素强相关一个弱相关，可以进行保留。

依照上述的原则，对所有题目进行处理，删除第1、2、3、5、7、8、10、17、21、22、24、28、31、32、33、40、42、43、44、46、47、53、54、55、58、59、67、68、71、72、73、74、75、77、79、82、83、84、85、86、91、99、100、101、102共计45项，剩余48项。

结合因子提取表，在进行正交旋转后，特征值大于1的因素有10个，可以解释总变异的68.92%，这与之前理论架构不一样，在进行分析后，参考碎石图（图7-1）和题目数量，同时结合义务教育阶段教师的工作特点，需要形成一份教师可以在课间10分钟完成的问卷，而太长的问卷对施测环境有更多的限制，所以综合考虑后，决定保留10个因素，共计48个题目重新编号。

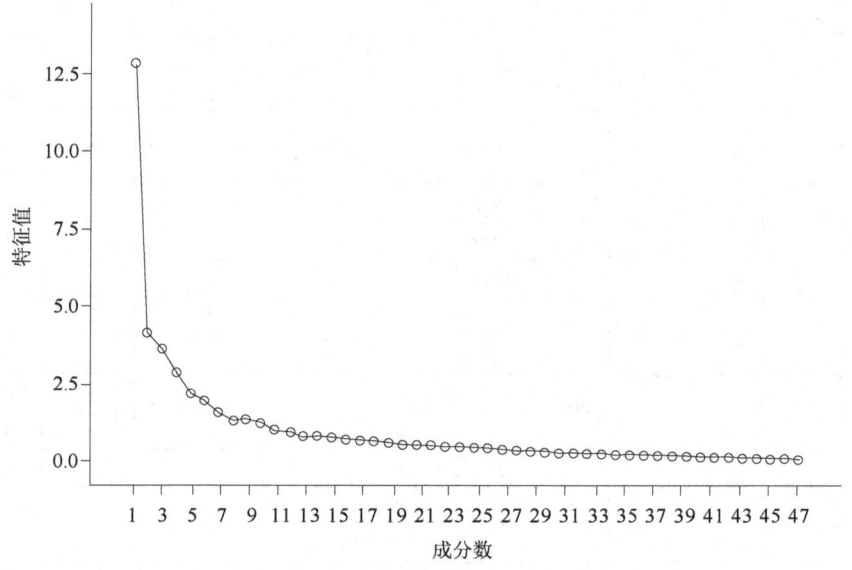

图7-1 探索性因素分析碎石图

表 7-2 旋转后因子载荷表

项目	因素1	因素2	因素3	因素4	因素5	因素6	因素7	因素8	因素9	因素10	共同度
51	0.812										0.759
80	0.766										0.670
49	0.753										0.745
50	0.726										0.598
81	0.669										0.647
52	0.647										0.609
27		0.794									0.638
18		0.772									0.625
90		0.765									0.593
34		0.762									0.731
20		0.745									0.694
62		0.703									0.680
94			0.777								0.707
95			0.764								0.507
96			0.743								0.818
93			0.689								0.738
92			0.630								0.619
37				0.815							0.756
35				0.786							0.700
38				0.759							0.820
39				0.672							0.653
26				0.663							0.734
64					0.842						0.727
65					0.782						0.649
63					0.744						0.666
66					0.717						0.736
60					0.683						0.730
88						0.799					0.792
87						0.775					0.788
89						0.628					0.664
98						0.488					0.596
4							0.797				0.570
9							0.777				0.810
6							0.754				0.715
11							0.677				0.780

续表

项目	因素1	因素2	因素3	因素4	因素5	因素6	因素7	因素8	因素9	因素10	共同度
29								0.745			0.800
30								0.741			0.630
69								0.713			0.695
78								0.585			0.598
36								0.566			0.680
57									0.708		0.735
56									0.678		0.775
61									0.655		0.804
48									0.578		0.600
17										0.786	0.630
19										0.724	0.696
23										0.649	0.505
25										0.607	0.670

四、研究结果

（一）因素命名

针对探索性因素分析得到的10个因素，结合题目和理论建构进行重新命名。

因素1有6个项目，因子载荷是0.647～0.812，可以解释总变异量的26.75%，该因素主要表示的是义务教育阶段的教师在教学活动中做出榜样并积极地引导学生向好的方向发展，所以被命名为"正向引导"，归属于行为品质。

因素2有6个项目，因子载荷是0.703～0.794，可以解释总变异量的8.57%，该因素的题目主要是对义务教育阶段教师在教学上的一些问题，心理健康的教师能够自主的提升自己的教学能力，所以将此因素命名为"自主提升"，归属于认知品质。

因素3有5个项目，因子载荷是0.630～0.777，可以解释总变异量的7.68%，该因素主要由原有因素的个性中的乐观所组成。在访谈中，多数教师谈及心理健康的教师的特征时都提到了乐观等词语，所以沿用原有结构中的命名"乐观向上"归属于个性品质。

因素 4 有 5 个项目，因子载荷是 0.663～0.815，可以解释变异总量的 5.92%，该因素的组成题目由原有结构中的情绪控制的题目组成。在访谈中，一线教师对于情绪方面的回答中都提到义务教育阶段的教师要具有情绪调控的能力，所以因素 4 命名为"情绪控制"，归属于情绪品质。

因素 5 有 5 个项目，因子载荷是 0.683～0.842，可以解释变异总量的 4.50%，该因素主要由热爱职业部分组成。在访谈中，教师认为心理健康的教师应该认同自己这份职业，只有认同这份职业的才会付出热情去工作，所以将该维度命名为"爱岗敬业"，归属于行为品质。

因素 6 有 4 个项目，因子载荷是 0.488～0.799，可以解释总变异量的 3.96%，该因素主要由包容性的题目及部分善良题目组成。受访教师大多数人认为教师是一份需要善良、良心、包容心、宽容等要求的职业，而心理健康的教师必然需要这些要素，所以将其命名为"善良宽容"，归属于个性品质。

因素 7 有 4 个项目，因子载荷是 0.677～0.797，可以解释总变异量的 3.41%，该因素主要由积极的人生态度和客观地认识事物两个部分的题目组成。在访谈中，教师认为，心理健康的人应该具备的要素中，排在首位的就是积极的人生态度，面对挫折的抗压能力，所以将此维度命名为"价值取向"，归属于认知品质。

因素 8 有 5 个项目，因子载荷是 0.566～0.745，解释总变异量的 2.88%，该因素主要由尊重学生，理解家长两组题目组成。在访谈中，教师提到心理健康的教师对于学生应该一视同仁，对于家长应该多交流学生的学习情况。所以将该因素命名为"理解他人"，归属于认知品质。

因素 9 有 4 个项目，因子载荷是 0.578～0.708，解释变异总量的 2.72%，该因素的组成题目由原架构中家庭和睦组成。访谈过程中，不少教师都提到了心理健康的教师会将家庭的和谐程度与教师的心理健康素质相关联，教师认为心理健康的教师能够处理好家庭与工作之间的关系，促使家庭和谐，所以将其命名为"家庭和睦"，归属于行为品质。

因素 10 有 4 个项目，因子载荷是 0.607～0.786，解释变异总量的 2.57%，该因素的组成题目由热爱职业中与同事相关的题目以及理解学生中与学生沟通的一部分题目，所以将此维度命名为"和谐相处"，归属于行为品质。

义务教育阶段教师心理健康素质的基本结构如图 7-2 所示。

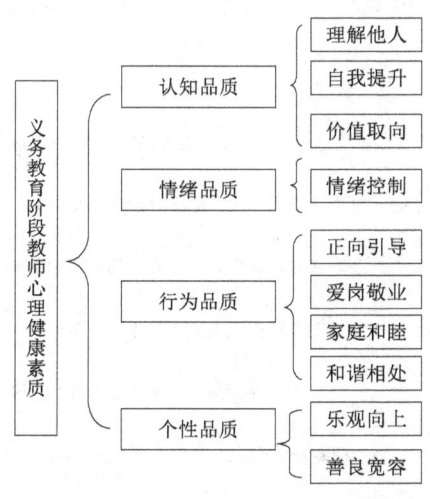

图 7-2　义务教育阶段心理健康素质理论结构图

（二）结果分析

问卷编制的基本架构来自前述访谈研究的结果。前述访谈研究将教师心理健康素质的维度分解为：认知品质、情绪品质、行为品质和个性品质。在这 4 个维度的框架下有 16 个二级维度,这 16 个二级维度是编制预测问卷的基础,具体的维度信息在之前的访谈研究和第二部分的研究中有详细的介绍。

结合前人对于心理健康素质及教师心理健康素质方面的研究,如沈德立等分析了心理科学的进展,国内外青少年心理健康素质、心理健康研究和教育现状等形成《青少年心理健康素质调查表》,[1] 包括适应[2]、人际素质[3]、个性素质[4]、动力系统[5]、自我[6]、归因风格[7]和应对风格[8]等 7 个分量表。为了适应人才选拔的需要,在 2016 年,张秀阁和梁宝勇又编写了《中国成年人核心心理健康素质总量表》,其主要包括自我概念、人际素质、坚韧性、心理弹性和情绪性 5 个维度。[9] 俞国良等编制了教师心理健康评价量表。[10] 本次研究通过质性分析得到的 4 个维度与前人所编制的各个维度有交叉与重合,基本涵盖了教师心理健康素质的各个方面。因此,该架构可以作为教师心理健康素质的结构。

---

[1] 沈德立,马惠霞,白学军.(2007).青少年心理健康素质调查表的编制 [J]. 心理发展与教育,23(1):288-293.

[2] 张大均,江琦.《青少年心理健康素质调查表》适应分量表的编制 [J]. 心理与行为研究,2006,4(2):81-84.

[3] 马惠霞,白学军.《青少年心理健康素质调查表》人际素质分量表的编制 [J]. 心理与行为研究,2006,4(3):168-171.

[4] 郑希付,宫火良.《青少年心理健康素质调查表》个性素质分量表的编制 [J]. 心理与行为研究,2006,4(2):85-89.

[5] 李虹,商磊,聂晶,等.《青少年心理健康素质调查表》动力系统分量表的编制 [J]. 心理与行为研究,2006,4(2):101-106.

[6] 江光荣,胡博.《青少年心理健康素质调查表》自我分量表的编制 [J]. 心理与行为研究,2006,4(2):95-100.

[7] 沃建中,孙慧明.《青少年心理健康素质调查表》归因风格分量表的编制 [J]. 心理与行为研究,2006,4(2):90-94.

[8] 梁宝勇.《青少年心理健康素质调查表》应对分量表的编制 [J]. 心理与行为研究,2006,4(3):161-167.

[9] 张秀阁,梁宝勇. 心理健康素质测评系统·中国成年人核心心理健康素质全国常模的制定 [J]. 心理与行为研究,2016,14(4):507-516.

[10] 俞国良,金东贤,郑建君. 教师心理健康评价量表的编制及现状研究 [J]. 心理发展与教育,2010,V26(3):295-301.

通过项目分析以及探索性因素分析得到了 48 道题目的问卷，包含 10 个因子和 4 个维度，且每一个项目的载荷值大于 0.4，10 个因子共解释变异量的 68.92%。

第二节　正式问卷的编制

一、研究目的

研究目的是对《义务教育阶段教师心理健康素质正式问卷》进行施测，同时进行验证性因素分析及信效度检验。

二、研究方法

（一）被试选取

选取河南、安徽、江苏、湖北、北京、黑龙江、山东、山西、广西、福建等省（直辖市）义务教育阶段教师为施测对象，其中男性教师 348 名，女性教师 1196 名。教师的平均年龄为 36.66 岁（$SD=8.25$），平均教龄为 14.8（$SD=9.30$）。被试需要填写工作单位、性别、年龄、教龄等人口统计学信息，并从利克特 5 点计分量表中（1 完全不符合，2 不太符合，3 说不清楚，4 基本符合，5 完全符合）选择最符合自己情况的选项。本次研究发放问卷 1800 份，剔除错误、漏填和明显未认真作答的问卷，共回收有效问卷 1545 份，问卷有效率为 85.8%。

（二）研究工具

本次研究工具为经过初测分析后得到的义务教育阶段教师心理健康素质问卷，共 52 题目，其中包括 4 道测谎题目。

（三）施测程序

本次研究问卷通过两种方式回收：第一种为在施测学校由老师在全体职工会议上发放问卷，进行填写并统一回收问卷；第二种为网上施测，请教师在其工作微信群中转发网页问卷，网页版问卷在问卷星（http://www.sojump.com）上进行编辑，其题目和题目顺序与纸质版相同。教师在网页上依次填写问卷问题后，点击问卷页面的提交按钮，问卷数据会即时传输至网站后台。

对网上回收的问卷进行仔细筛检，剔除明显编造的以及选项完全一致的问卷后，将剩余的问卷与纸质问卷数据合并。

（四）统计分析

将经过初步筛选的问卷与网络问卷汇总至 SPSS 21.0 软件中，具体的分析操作均在 SPSS 21.0 中进行，本次研究采用的是 Amos21.0 进行验证性因素分析以及模型拟合检验。

三、研究结果

（一）内部一致性系数

在信度方面，本次研究采用了内部一致性（即同质性系数、Cronbach 系数）对问卷的信度进行了研究，问卷的 α 系数为 0.957，一般认为 α 系数 > 0.80 为高可靠性，本问卷各维度 α 系数在

0.787～0.924，说明问卷具有较好的信度，具体各个维度的 α 系数见表 7-3。

表 7-3 问卷各维度及 α 系数表

维度	α 系数	维度	α 系数
正向引导	0.890	和谐相处	0.787
家庭和睦	0.783	自我提升	0.921
爱岗敬业	0.821	情绪控制	0.882
价值取向	0.811	情绪	0.882
理解他人	0.834	认知	0.850
乐观向上	0.924	行为	0.896
善良宽容	0.857	个性	0.912

（二）共同方法偏差

在研究中我们使用了 Harman 单因素检验的方法检测了问卷的共同方法偏差，该方法要求使用验证性因素分析，设定公因子数为 1，对"单一因素解释了所有的变异"这一假设进行精确的检验，具体共同方法偏差检测结果如下（表 7-4）。

表 7-4 共同方法偏差

拟合指数	χ^2	df	χ^2/df	GFI	AGFI	RMR	NFI	CFI	IFI	RMSEA
数值	43762.54	1128	38.80	0.56	0.52	0.041	0.58	0.59	0.59	0.10

根据验证性因素分析的结果来看，在单一公因子的模型中，各项模型拟合指标均不符合模型拟合标准，证明在该数据中没有出现可以解释说有变量的单一因素，即本次研究中并没有出现共同方法偏差。

（三）重测信度分析

在进行初测之后的一个月之后本次研究进行了重测，参与重测的被试为河南省安阳市汤阴县××小学和汤阴县××中学的教师，共发放 110 份问卷，回收有效问卷 98 份，回收率达到重测信度指标选用的相关系数，该系数主要表明了两次测量结果的相关关系的高低，如果相关系数越接近于 1 则证明该问卷两次测量的选项百分比接近一致，具有较高的外部信度。本次研究的重测与原始数据总分的相关系数见表 7-5。

表 7-5 重测分数与初测分数相关关系表

分数	初测分数	重测分数
初测分数	1	
重测分数	0.812**	1

** 表示在 0.01 水平（双侧）上显著相关，后同

（四）验证性因素分析

经过探索性因素分析，本次研究确定了 10 个因子，在确定因素结构之后，需要使用数据对测量结构模型进行验证。在研究中，我们用最大似然法来验证问卷的结构效度，具体的标准拟合指数见表 7-6。

表 7-6 模型拟合指数表

拟合指数	χ^2	df	χ^2/df	GFI	AGFI	RMR	NFI	CFI	IFI	RMSEA
数值	4692.54	1035	4.53	0.88	0.87	0.025	0.89	0.91	0.91	0.05

从表中可以看出，绝对失配指标：拟合优度的 χ^2 检验，其值接近 0 模型拟合较好，小于 3 合格，而本次研究中的值为 4.53 模型拟合较好。拟合优度指数（GFI）和调整拟合优度指数（AGFI）数值越接近 1，则模型适配度越好，大于 0.90 时拟合较好，大于 0.8 可以接受，本模型 GFI 和 AGFI 接近 0.9，尚可接受，残差均方和平方根（RMR）小于 0.05 为最佳，本次研究 RMR 为 0.025 现良好，近似误差均方根（RMSEA）小于 0.05 为良好，本次研究 RMSEA 为 0.05 模型拟合良好。

比较适配度指标：非规范拟合指数（NFI）、比较拟合指数（CFI）

和递增拟合指数（IFI）一般认为大于 0.9 是较好，本次研究 NFI 为 0.89，CFI 为 0.92，IFI 为 0.92，说明模型拟合较好。

根据上述测量指标，我们可以得到模型的拟合指数基本符合测量标准。由此说明，此问卷具有较好的结构效度。

一级因子模型检测：通过对教师心理健康素质的质性研究发现，教师心理健康素质所包含的 10 个因子在其内容上可以归属为认知品质、情绪品质、行为品质以及个性品质，因此为了检验各二级因子是否归属一级因子，进行 4 个一级因子模型的验证（图 7-3）。具体方法为将各二级因子的各个项目分数相加，得到该二级因子的总分，4 个一级因子作为因子，二级因子总分作为变量。其中，由于情绪品质的二级因子只有一个情绪控制，故将其作为二级因子。使用协方差结构测量模型，采用便准话估计值，最大似然法，对理论结构效度进行验证性因素分析检验，原理论模型的标准化拟合指数见表 7-7。

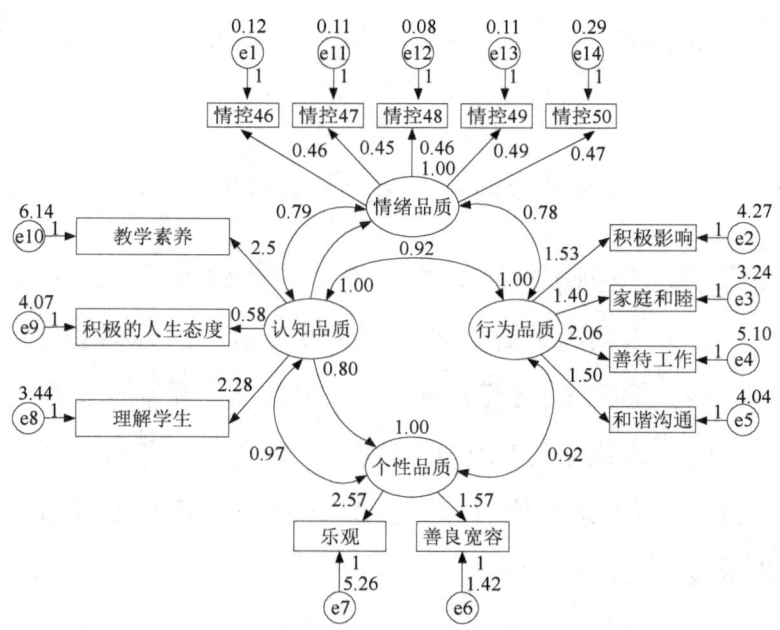

图 7-3 义务教育阶段教师心理健康素质结构一级因子模型

表 7-7 一级因子模型拟合指数表

拟合指数	χ^2	df	χ^2/df	GFI	AGFI	RMR	NFI	CFI	IFI	RMSEA
数值	775.42	71	10.92	0.910	0.867	0.277	0.914	0.919	0.920	0.89

与二级模型相比，一级因子模型在拟合优度指数（GFI）和调整拟合优度指数（AGFI）数值上表现较好，残差均方和平方根（RMR）小于 0.5 为最佳，本次研究 RMR 为 0.277，表现一般，近似误差均方根（RMSEA）小于 0.05 位良好，本次研究 RMSEA 为 0.1，表现一般。而在拟合优度的卡方检验中，数值大于 3，也不太理想。但是考虑到本研究的样本量过大，所以 χ^2 检验和 RMSEA 受样本量过大的影响并不能作为判断模型拟合的合适标准，所以应当主要参考其他的统计标准。

在比较失配度指标中，非规范拟合指数（NFI）、比较拟合指数（CFI）和递增拟合指数（IFI）表现均为良好。

综上各个测量学指数，本模型基本达到测量学指标，可以表明该模型可以接受。

（五）问卷各维度总分与题目总分相关分析

问卷效度的检测不仅需要检测模型的结构效度，还需要对问卷的各个维度总分与问卷的总分进行相关性分析，当各维度总分与问卷的各维度总分之间存在显著差异时（$p<0.05$），问卷的各维度均能较好的解释问卷。本次研究的各个维度与总分之间的相关系数具体见表 7-8，可以看出相关系数均可以达到显著水平，证明了本问卷具有较好的结构效度。

表 7-8 维度总分与问卷总分相关系数表

维度	正向引导	家庭和睦	爱岗敬业	价值取向	理解他人	乐观向上	善良宽容	和谐相处	自我提升	情绪控制	量表总分
正向引导	1										
家庭和睦	0.623**	1									
爱岗敬业	0.435**	0.447**	1								
价值取向	0.305**	0.264**	0.472**	1							
理解他人	0.361**	0.343**	0.504**	0.474**	1						
乐观向上	0.310**	0.342**	0.514**	0.529**	0.553**	1					
善良宽容	0.397**	0.402**	0.542**	0.404**	0.553**	0.590**	1				
和谐相处	0.349**	0.329**	0.491**	0.388**	0.662**	0.511**	0.646**	1			
自我提升	0.329**	0.290**	0.432**	0.385**	0.524**	0.461**	0.556**	0.574**	1		
情绪控制	0.404**	0.385**	0.553**	0.385**	0.541**	0.531**	0.632**	0.596**	0.583**	1	
量表总分	0.616**	0.597**	0.747**	0.647**	0.772**	0.760**	0.778**	0.761**	0.735**	0.773**	1

（六）效标分析

本次研究采用了《罗森伯格自尊量表》《教师职业倦怠量表》《心理弹性量表》3 个量表作为效标使用。多项研究可以证明这 3 个量表具有较高的信度和效度，同时也是众多学者分别研究了这些量表与心理健康之间关系的量表。[1]~[5]

---

[1] 张同功. 初一学生自尊、应对方式及心理健康素质关系研究 [D]. 辽宁师范大学硕士学位论文, 2013.
[2] 刘晓明, 王文增. 中小学教师职业倦怠与心理健康的关系研究 [J]. 中国临床心理学杂志, 2004, 12 (4): 357-358.
[3] 王文增, 郭黎岩. 中小学教师职业压力、职业倦怠与心理健康研究 [J]. 中国临床心理学杂志, 2007, 15 (2): 146-148.
[4] 屈卫国, 钟鸿浩. 心理弹性影响军人心理健康状况研究进展 [J]. 中国健康心理学杂志, 2016, 24 (10): 1596-1600.
[5] 谭成万. 农村留守儿童心理健康与心理弹性现状及影响因素的研究 [J]. 临床医学, 2015, 35 (5): 24-25.

在以往多数研究中发现，自尊在个体的心理健康的发展过程起着极其重要的作用。同时，高自尊的个体会在自己的情感体验和自我评价上有较积极的表现。自尊能为个体的心理健康起到一定的保护作用。此外，张同功在2013年的研究中发现，自尊与应对方式有较大相关，然而应对方式与心理健康又有显著相关。所以，使用自尊量表可以用来作为心理健康素质量表的效标进行分析。

已有研究表明，在农村中小学教师群体中，教师的心理健康与心理弹性量表具有高度相关性。[①] 同时，在小学教师中也有研究表明，职业倦怠可以对其心理健康起到一定的预测作用。[②]

在本次研究中，对参与正式问卷测量的273名河南省郑州市的义务教育阶段教师进行了《罗森伯格自尊量表》的效标测试，其中男教师50人，其中班主任106名，年龄在21～54，平均年龄为34.41岁（$SD=7.04$），教师的平均教龄为12.17年（$SD=8.11$），对河南省安阳市的118名教师进行了《心理弹性量表》和《教师职业倦怠量表》进行效标测量，其中男教师31名，女教师87名，教师的平均年龄为38.60岁（$SD=8.24$），平均教龄为17.33年（$SD=10.28$）。

273份《义务教育阶段教师心理健康素质问卷》的总分（以下简称"量表总分"）与《罗森伯格自尊量表》的总分（以下简称"自尊量表总分"）进行相关性分析，得出以下结果，如表7-9所示。

表7-9 量表总分与自尊量表总分相关系数表

总分	量表总分	自尊量表总分
量表总分	1	
自尊量表总分	0.510**	1

---

① 范晓宇. 农村中小学教师职业压力、心理弹性与心理健康三者关系研究[D]. 扬州大学硕士学位论文，2016.

② 郑银佳，尹锡杨，龙建，等. 小学教师职业倦怠与应对方式对心理健康水平的预测[J]. 中国健康心理学杂志，2015, 23（11）：1646-1651.

由表知，量表总分与自尊量表总分之间相关系数为 0.510，按照统计学规定相关系数在 0.5 以上呈中度正相关，证明教师在心理健康素质中得分越高，在自尊量表中得分越高。

对 118 名教师量表总分与《教师职业倦怠量表》总分以及《心理弹性量表》总分进行相关性分析，得出以下结果，如表 7-10 所示。

表 7-10　量表总分与《教师职业倦怠量表》总分、《心理弹性量表》总分相关性

比较项	量表总分	情绪衰竭	个人成就	非人性化	《心理弹性量表》总分
量表总分	1				
情绪衰竭	−0.275**	1			
个人成就	0.597**	−0.044	1		
非人性化	−0.383**	0.288**	−0.477**	1	
心理弹性	0.607**	−0.241**	0.555**	−0.285**	1

由上表可知，量表总分与职业倦怠中的个人成就维度成中度正相关，与职业倦怠中的情绪衰竭与非人性化呈中度负相关。这一数据证明了教师在心理健康素质的得分越高，在职业倦怠量表中的情绪衰竭与非人性化两个维度的得分越低，在个人成就中得分越高，证明其职业倦怠程度越低。而量表总分与心理弹性呈中度正相关，证明教师越具有较高的心理健康素质，在心理弹性量表上也同样可以表现出来。

四、讨论

本次研究使用了自行编制的《义务教育阶段教师心理健康素质调查量表》，共回收问卷 983 份，本问卷共有 4 个一级维度，10 个二级维度组成，每个二级维度有 4~6 道题目，该问卷共有 52 道题目。

本次研究的效度指标采用结构效度，方法使用验证性因素分析

以及维度总分与题目总分相关检验。验证性因素分析的结果表示，模型拟合良好。另外，把问卷各因子之间及其与问卷总分间的相关看作是测量本次研究问卷结构效度的一个指标，结果表明，因子间相关一般，因子与总分间相关较强，这说明问卷的结果效度趋于良好。

本次研究把内部一致性系数和重测信度看作为本次研究问卷的信度指标，结果表明，问卷的 α 系数在 0.9 以上，问卷内部各维度均在 0.8 左右，而时隔一月对问卷进行重测，重测系数为 0.844，这均证明本次研究问卷具有较好的信度。

第八章
义务教育阶段教师心理健康素质调查结果

第一节　义务教育阶段教师心理健康素质人口学变量上的差异分析

基于我们调查所得的数据，对义务教育阶段教师心理健康素质在样本的人口学变量（城乡、教龄、性别）的差异进行研究。

使用 SPSS 21.0 统计软件对量表结构的各个分维度进行独立样本 t 检验以及单因素 ANOVA 方差分析。

一、城镇、乡村义务教育阶段教师心理健康素质的差异比较

考察城镇乡村义务教育阶段教师在心理健康素质问卷的各个维度上的差异，对教师所在单位类型进行赋值，农村小学、农村初中赋值为1，城镇小学、城镇初中赋值为2，使用 SPSS 21.0 做独立样本 t 检验，结果如表 8-1 所示。从表 8-1 中可以看出，城镇与农村的义务教育阶段教师在积极引导、价值取向、理解他人、自我提升 4 个维度存在显著差异，而在问卷的其他维度并不存在显著差异。

表 8-1 城镇、乡村义务教育阶段教师心理健康素质的差异比较

维度名称	城乡分组	n	$M\pm SD$	t	p
正向引导	农村 城镇	362 1183	28.17±3.10 28.62±2.38	-2.921	0.004**
家庭和睦	农村 城镇	362 1183	18.36±2.19 18.29±2.31	0.499	0.618
爱岗敬业	农村 城镇	362 1183	22.67±3.80 22.52±2.80	0.766	0.444
价值取向	农村 城镇	362 1183	17.17±2.68 17.49±2.53	-2.076	0.038**
理解他人	农村 城镇	362 1183	21.31±2.97 21.79±2.90	-2.718	0.007**
乐观向上	农村 城镇	362 1183	21.62±3.40 21.73±3.46	-0.559	0.576
善良宽容	农村 城镇	362 1183	18.24±2.04 18.43±1.95	-1.643	0.101
和谐沟通	农村 城镇	362 1183	17.69±3.49 17.58±2.22	0.703	0.482
自我提升	农村 城镇	362 1183	26.78±4.14 27.36±3.31	-2.752	0.006**
情绪调控	农村 城镇	362 1183	23.22±2.47 23.16±2.48	0.341	0.734
量表总分	农村 城镇	362 1183	215.22±21.77 216.99±19.95	-1.501	0.134

二、不同教龄的义务教育阶段教师心理健康素质的差异比较

考察不同教龄的义务教育阶段教师在心理健康素质问卷的各个维度上的差异，对教师的教龄时间进行赋值，0～3年的教龄赋值为1，4～10年的教龄赋值为2，10年以上的教龄赋值为3，使用SPSS 21.0进行单因素ANOVA分析检验，结果如表8-2所示。

从表8-2中可以看出，不同教龄分组的义务教育阶段教师在理解他人中存在显著差异，在家庭和睦维度存在边缘显著差异，而在问卷的其他维度之间都不存在显著差异。

表 8-2　不同教龄的义务教育阶段教师心理健康素质的差异比较（$M\pm SD$）

维度名称	1～5 年 (n=352)	6～10 年 (n=248)	11～15 年 (n=173)	16～20 年 (n=327)	21～25 年 (n=221)	26 年以上 (n=224)	F	p
正向引导	28.45±2.07	28.40±2.75	28.48±2.42	28.64±2.51	28.81±1.68	28.30±3.75	1.221	0.297
家庭和睦	18.23±2.18	18.21±2.47	18.39±2.18	18.39±2.13	18.65±1.57	18.00±2.96	2.073	0.066
爱岗敬业	22.63±3.87	22.53±2.92	22.72±2.26	22.61±2.45	22.52±2.84	22.32±3.31	0.423	0.833
价值取向	17.55±2.43	17.59±2.45	17.43±2.56	17.49±2.55	17.29±2.63	17.03±2.84	1.611	0.094
理解他人	21.17±3.07	21.88±2.79	22.12±2.61	21.89±2.80	21.82±2.80	21.46±3.25	3.853	0.002
乐观向上	21.55±3.47	21.84±3.58	21.97±3.18	21.78±3.30	21.73±3.57	21.60±3.56	0.437	0.823
善良宽容	18.22±1.86	18.36±2.08	18.38±1.97	18.46±1.93	18.48±1.90	18.48±2.13	0.817	0.537
和谐沟通	17.76±3.52	17.75±2.23	17.78±1.93	17.43±2.23	17.56±2.24	17.35±2.35	1.314	0.255
自我提升	27.03±3.63	27.31±3.37	27.51±2.87	27.23±3.57	27.06±4.05	27.39±3.42	0.673	0.644
情绪调控	23.14±2.44	23.15±2.37	23.20±2.52	23.29±2.40	23.23±2.49	23.04±2.71	0.335	0.892
量表总分	215.72±20.04	216.92±20.05	217.98±16.95	217.21±18.32	217.16±18.89	214.97±22.94	0.728	0.602

三、不同性别的义务教育阶段教师心理健康素质的差异比较

考察不同性别的义务教育阶段教师在心理健康素质问卷的各个维度上的差异，对教师的性别进行赋值，男性赋值为 1，女性赋值为 2，使用 SPSS 21.0 做独立样本 t 检验，结果如表 8-3 所示，从表中可以看出，不同性别的义务教育阶段教师在家庭和睦维度存在显著差异，而在正向引导、爱岗敬业维度存在边缘显著差异，在问卷的其他维度并不存在显著差异。

表 8-3 不同性别义务教育阶段教师心理健康素质的差异比较

维度名称	城乡分组	n	M±SD	t	p
正向引导	男性 女性	350 1195	28.29±3.18 28.58±2.36	-1.882	0.060
家庭和睦	男性 女性	350 1195	17.95±2.45 18.41±2.21	-3.356	0.001
爱岗敬业	男性 女性	350 1195	22.31±2.50 22.63±3.20	-1.695	0.090
价值取向	男性 女性	350 1195	17.31±2.55 17.45±2.57	-0.937	0.349
理解他人	男性 女性	350 1195	21.55±2.86 21.71±2.95	-0.934	0.350
乐观向上	男性 女性	350 1195	21.79±3.06 21.68±3.55	0.536	0.592
善良宽容	男性 女性	350 1195	18.24±1.84 18.43±2.01	-1.550	0.121
和谐沟通	男性 女性	350 1195	17.59±2.07 17.61±2.70	-0.087	0.931
自我提升	男性 女性	350 1195	27.15±3.60 27.25±3.51	-0.495	0.621
情绪调控	男性 女性	350 1195	23.24±2.26 23.16±2.54	0.519	0.604
量表总分	男性 女性	350 1195	215.45±18.35 216.92±20.01	-1.255	0.210

四、讨论与分析

从义务教育阶段教师心理健康素质的学校类型、教龄、性别上的差异可以基本看出，义务教育阶段教师的心理健康素质的10个二级维度在学校类型的差异中，有积极引导、价值取向、理解他人、自我提升4个二级维度当中存在显著差异。这种差异的产生可能是由于城镇学校与乡村学校所面临的教学对象之间有所差异，也有可能是在不同的教学环境中所出现的。已有的研究也可以证明，城镇小学教师和农村小学教师之间确实存在一定的能力上的差异。[1][2]

在不同教龄分组的比较中，义务教育阶段教师在理解他人上存在

---

[1] 李葆萍. 我国城乡中小学教师教育技术能力差异及原因分析[J]. 现代教育技术，2012，22（4）：29-33.
[2] 耿文侠，冯春明，申继亮，等. 城乡中小学教师教育观念差异性分析[J]. 教育评论，2006（3）：17-21.

显著性差异；在家庭和睦、价值取向维度存在边缘显著差异；在价值取向上，教龄为1～5和6～10年的教师与教龄在26年以上的教师有显著差异。而在家庭和睦上，教龄在26年以上的得分最差，这可能与教师年龄和夫妻双方进入中年面临的中年危机有关。[①]

在性别分组的比较中，不同性别的义务教育阶段教师在家庭和睦维度上存在显著差异，原因可能是在我国的文化传统中，一般的情况是"男主外女主内"，女性对家庭更为重视，对家庭是否和睦更敏感。不同性别教师在正向引导和价值取向维度存在边缘显著差异，女性教师在这两个维度中的表现优于男性教师，与男性更加擅长理性思维而女性更加擅长感性思维有关。因此，在与他人相处的时候女性教师更多地为他人考虑所影响。

第二节 对《义务教育阶段教师心理健康素质问卷》的讨论

一、编制义务教育阶段心理健康素质问卷的必要性

首先，目前关于义务教育阶段教师心理健康素质问卷的编制，如国内的沈德立编制的《中国青少年心理健康素质问卷》及《中国成年人心理健康问卷》等，并没有得到广泛的使用，这些量表可能是衡量教师心理健康素质的一个工具。然而，教师作为学生在成长过程中的一个非常重要的角色，这些用来衡量青少年和成人的生活的问题不

[①] 郭英，谢鞍. 不同教龄初中教师主观幸福感的比较研究 [J]. 教育学术月刊，2010（8）：24-26.

能很好地适应教师专业的特点，也不能充分说明义务教育阶段心理健康素质的特性。其次，虽然国内有些问卷用来测量教师心理健康素质方面的问卷，但是也只是测量某个单一品质的，如人格、自信等素质的问卷。最后，考虑到义务教育阶段教师也有部分消极的品质，如工作倦怠等，我们还是应该去关注其积极的心理品质，立足于使义务教育阶段教师更加优秀，促进教师的职业内发展，能够使得义务教育阶段的学生能够得到身心健康的发展。因此有必要编制符合义务教育阶段教师这一特殊群体，特殊教育工作者的心理健康素质的问卷，便于了解义务教育阶段的教师心理健康素质现状，为以后的测量和干预提供有效工具。

此外，考虑到义务教育阶段教师的工作特点，工作外的时间处于一种碎片化时间的状态中，面对一份过于冗长的问卷可能会产生一定的厌烦以及时间来不及等问题。因此，本次研究在已有的研究的基础上，又结合自己的调查分析数据，继而编制出一份适合测量的《义务教育阶段教师心理健康素质问卷》。

二、义务教育阶段教师心理健康素质结构模型

本次研究在访谈研究的基础上结合已有的研究资料，将义务教育阶段教师心理健康素质的测量确定为4个一级维度和10个二级维度。10个二级维度的确定包含了之前研究的访谈资料，同时也参考了教师的建议，命名为"正向引导""自我提升""乐观向上""情绪控制""爱岗敬业""善良宽容""价值取向""理解他人""家庭和睦""和谐相处"，4个一级维度在考虑与心理品质相关的概念，依据心理活动的4大结构进行了构造，包括认知、情绪、行为、个性。接下来，编制义务教育阶段教师心理健康素质的题目，并请心理学相关专

业的研究生，对所有的题目的语义表述进行测试，在没有语义表达、语法文字、歧义的状态下编制了102道题目，编制题目中有12道反向题目。来自开封市的两所初中和小学的教师的230名教师参与了初测。在将所得数据进行项目分析以及因素分析后，删除部分题目，最终确定提取了10个因素，这与之前预想的16个二级维度不同。根据因素分析，删除了"客观地认识事物""应变能力""恒心""道德感"，将"尊重家长"与"理解学生"合并为理解他人，"专业素养"和"热爱职业"合并为"自我提升"，"善良"和"包容"合并为善良宽容。共得到10个二级维度，4个一级维度，将在全国各地等取样1500余名义务教育阶段教师，在Amos 21.0软件中进行了模型拟合分析，并且检验维度结构的效度，结果证明该问卷的信效度皆符合心理学统计方面的要求。因此，义务教育阶段教师心理健康素质包括4个一级维度和10个二级维度。

三、义务教育阶段教师心理健康素质问卷的信效度

本次研究的信度检验使用的内部一致性的 α 系数检验方式以及重测信度的检验方法。在两种检验方法中，本次研究所编制的问卷的 α 系数为0.957，问卷内部各维度的系数均在0.8以上，说明问卷的信度指标较好。

本次研究的效度检验使用的是结构效度与效标效度，在模型拟合指标以及维度总分与问卷总分相关检验中都达到了心理学测量标准，证明问卷具有较好的结构效度。

四、义务教育阶段教师心理健康素质问卷的初步测量

对已收集的数据进行初步分析，在城乡、教龄和性别为分组对

问卷10个二级维度进行差异性分析，得出在城镇乡村分类上，义务教育阶段教师在积极引导、价值取向、理解他人、自我提升4个二级维度当中存在显著差异；在教龄分组上，义务教育阶段教师在理解他人中存在显著性差异，在家庭和睦、价值取向维度存在边缘显著差异；在性别分组上，家庭和睦维度存在显著差异，在正向引导和价值取向维度表现出来边缘显著。

结　　语

一、主要研究结论

本书研究基于已有的心理健康素质研究成果，使用设计的访谈问题对义务教育阶段的教师以及校长进行了访谈研究。在访谈研究成果的基础上，结合已有问卷，我们初步编制了一份 102 道题目的问卷，经过初测后，在之前结果的基础上进行了探索性因素分析以及项目分析，最终形成了一份包含有 48 道题目的问卷，并对最终问卷进行了验证性因素分析以及信效度检测，得出了以下结论。

第一，根据文献及研究成果，将义务教育阶段教师心理健康素质模型规划为 4 个一级维度和 10 个二级维度，这 10 个二级维度分别是"正向引导""自我提升""乐观向上""情绪控制""爱岗敬业""善良宽容""价值取向""理解他人""家庭和睦""和谐相处"，其中"理解他人""自我提升""价值取向"归属于认知品质，"情绪控制"归属于情绪品质，"善良宽容""乐观向上"归属于个性品质，"正向引导""爱岗敬业""家庭和睦""和谐相处"归属于行为品质。

第二，项目分析结果表明，该问卷的各个题目均具有较好的项目区分度，传统的信度以及各项效度检测指标均达到良好水平，证明该问卷具有较好的信度和效度，适合作为问卷施测。

第三，对已收集的数据进行初步分析，以城乡、教龄和性别为分组依据对问卷10个二级维度进行差异性分析，得出在城乡分类上，义务教育阶段教师在积极引导、价值取向、理解他人、自我提升4个二级维度上存在显著差异；在教龄分组上，义务教育阶段教师在理解他人中存在显著性差异，在家庭和睦、价值取向维度存在边缘显著差异；在性别分组上，家庭和睦维度存在显著差异，在正向引导和价值取向维度存在边缘显著差异。

二、研究的局限及展望

本书研究固然在对于心理健康素质的研究以及义务教育阶段教师的心理健康素质中做出了一定的贡献，但是在本研究进行的过程中，也出现了一些不太完美的地方，需要在之后的研究中进一步改进。

第一，本书研究所采用的问卷均为自评式问卷，被试在填写选项的时候可能会受到态度、社会赞许等因素的影响，导致问卷的数据有效性降低。在实际施测的过程中，部分问卷是由当地的教师进行代发代收的。因此，有些被试没有很好地按照指导语进行填写，出现了填错行、漏填、空白页等错误，导致几次施测的问卷结果并不理想。在之后的几批施测中，试图通过发小奖品等方法进行鼓励被试认真填写，使得问卷的回收率得以恢复正常，因此在之后的研究中，应当继续予以使用。另外，在使用网络问卷的过程中，主要问题为被试填写问卷的环境较为复杂，可能会对问卷的有效性产生一定的影响，但是经过对网络问卷仔细的筛检后，数据与纸质版的问卷并没有太大的差别，所以可以做一致性的处理。

第二，本书研究的主要内容为《义务教育阶段教师心理健康素质问卷》的编制，并没有对问卷的数据进行分析比较，对于义务教育阶段教师心理健康素质的影响因素没有做进一步探讨。因此，在后续的研究中，对于教师心理健康素质的影响因素可以作一项纵向研究，甚至可以试图对教师的心理健康素质进行一定的干预研究。

第三，在问卷的效度方面，研究者可以尝试使用一些测量积极心理品质相关的问卷进行效标研究，本书采用的是将自尊量表作为效标测量，但是一个自尊测量并不能全面地代表个体心理健康素质的特征，还需要进行更多的测量工作。

附　　录

附录一　访谈指导语

我们正在开展全国教育科学规划课题"义务教育阶段教师心理健康素质测评研究"，访谈是该课题的重要组成部分，访谈的目的在于了解教育工作者对小学和初中教师的心理健康素质的内涵、表现、作用和意义是如何理解的。

该课题的研究意义在于摸清义务教育阶段教师的心理健康素质的基本情况，为有关部门完善和提高义务教育阶段教师的整体心理健康素质提供理论基础和适用的评估工具，也为师范教育和教师选拔提供理论基础和测量手段。

心理健康：一种充满生命活力、能够有效地发挥个人潜能适应环境并有积极的内心体验的心理完好状态。

心理健康素质：指个体在遗传和环境的共同作用下形成的某些内在的、相对稳定的心理品质，这些心理品质影响或决定着个体的心理、生理和社会功能，并进而影响个体的心理健康状态。

两者之间的关系：心理健康素质与心理健康之间的关系是内在的稳定的品质与外在的状态表现之间的关系。

目前，该项目需要对小学和初中阶段的教师的心理健康素质测评体系进行构建。在该项目实施过程中，课题组需要对在座的各位进行访谈，以确定义务教育阶段教师心理健康素质的内容和体系。

谢谢！

河南大学教育科学学院

附录二 《义务教育阶段教师心理健康素质问卷》（初测）

尊敬的老师，您好！

　　为了全面了解义务教育阶段教师的生活、工作现状，我们设计制作了这份问卷。本问卷匿名填写，调查结果只用于科学研究，我们保证您的任何信息不会外泄。调查的项目没有对错之分，请根据您的第一感觉，勾选符合您工作中的实际情况的答案即可。

　　您的回答对我们的研究十分重要，您的智慧是我们研究成功的阶梯，谢谢您的帮助，祝您一切顺利！

河南大学教育科学学院

一、背景资料

您的工作单位：_____

性别：□男　　　□女

年龄：_____

教龄：_____

所教科目：_____

您的职称：_____

您是否为班主任：□是　　□否

您的学历：□大专　　□本科　　□硕士及以上

二、选择题（每题从"完全不符合"到"完全符合"有五个选项，请您在您认为符合您实际情况的数字上打"√"）

项目	完全不符合	不太符合	说不清楚	基本符合	完全符合
1. 我相信自己能够克服困难。	1	2	3	4	5
2. 在失败后我会认真查找原因。	1	2	3	4	5
3. 我对自己的未来充满希望。	1	2	3	4	5
4. 我相信自己的付出总会有回报。	1	2	3	4	5
5. 我有明确的人生目标。	1	2	3	4	5
6. 我认为人的命运掌握在自己手里。	1	2	3	4	5
7. 我认为只有经过磨炼才能获得成功。	1	2	3	4	5
8. 我认为每个人都有无限的潜能。	1	2	3	4	5
9. 我认为靠自己的奋斗可以实现自己的理想。	1	2	3	4	5
10. 我认为人的尊严比金钱重要。	1	2	3	4	5
11. 我认为一个人要有强烈的进取心才能出类拔萃。	1	2	3	4	5
12. 我认为待人以礼是一种美德。	1	2	3	4	5
13. 我认为奢侈的生活使人不求上进。	1	2	3	4	5
14. 我相信这个世界上有"天命"之类的东西。	1	2	3	4	5
15. 我认为看待事物的时候需要从多方面去看。	1	2	3	4	5
16. 我认为神是存在的。	1	2	3	4	5
17. 我能很容易地发现学生的一些优点。	1	2	3	4	5
18. 我认为学习不好的学生在其他方面也不行。	1	2	3	4	5
19. 我认为当众批评学生并没有什么问题。	1	2	3	4	5
20. 我认为学生受了批评以后会逐步进步。	1	2	3	4	5
21. 我认为经过教育，学习差的学生也会变得学习好。	1	2	3	4	5
22. 我认为学生有自己的思考方式，需要教师去理解。	1	2	3	4	5
23. 我会经常与学生交流，理解他们的想法。	1	2	3	4	5
24. 我认为教师不应该以成绩来区分学生。	1	2	3	4	5
25. 我会经常与家长沟通孩子的教育情况。	1	2	3	4	5
26. 我会设身处地为他人着想。	1	2	3	4	5
27. 和家长交谈时，我会倾向于表达自己的想法，而忽略家长说的话。	1	2	3	4	5
28. 与家长交谈时，我可以轻易地理解家长的感受。	1	2	3	4	5
29. 我能够很快地发现他人的尴尬和不舒服。	1	2	3	4	5
30. 我能够很明显地感觉到别人想要加入谈话。	1	2	3	4	5
31. 我认为教师应该理解家长的难处。	1	2	3	4	5
32. 我认为教师应该与家长合作一起帮助孩子成长。	1	2	3	4	5
33. 我通常会为了提升自己的教学能力而查找资料。	1	2	3	4	5
34. 经过这几年的教学，我觉得我已经对所教的科目有了完全的了解。	1	2	3	4	5

附录三 《义务教育阶段教师心理健康素质问卷》（重测）

尊敬的老师，您好！

  为了全面了解义务教育阶段教师的生活、工作现状，我们设计制作了这份问卷。本问卷匿名填写，调查结果只用于科学研究，我们保证您的任何信息不会外泄。调查的项目没有对错之分，请根据您的第一感觉，勾选符合您工作中的实际情况的答案即可。

  您的回答对我们的研究十分重要，您的智慧是我们研究成功的阶梯，谢谢您的帮助，祝您一切顺利！

河南大学教育科学学院

一、背景资料

您的工作单位：

您的工作单位属于：□农村小学　□农村初中　□城镇小学　□城镇初中

性别：□男　　□女

年龄：_____

教龄：_____

所教科目：_____

您的职称：_____

您是否为班主任：□是　　□否

您的学历：□大专　　□本科　　□硕士及以上

二、选择题（每题从"完全不符合"到"完全符合"有五个选项，请您在您认为符合您实际情况的数字上打"√"）

项目	完全不符合	不太符合	说不清楚	基本符合	完全符合
1. 我认为教师的行为对学生有很大影响。	1	2	3	4	5
2. 我认为教师在学生面前应当树立一种正面的形象。	1	2	3	4	5
3. 我会持续地把一些好的习惯教给学生，并以身作则。	1	2	3	4	5
4. 我会认真地为学生着想，帮助他们。	1	2	3	4	5

续表

项目	完全不符合	不太符合	说不清楚	基本符合	完全符合
5. 我会尽力帮助学生纠正错误。	1	2	3	4	5
6. 当学生犯错的时候,我会主动帮助他改正错误。	1	2	3	4	5
7. 我会尽力维护家庭的和睦。	1	2	3	4	5
8. 我的家人非常支持我的这份工作。	1	2	3	4	5
9. 我会把自己的教案拖到学期末去完成。	1	2	3	4	5
10. 我对待他人总是很严厉。	1	2	3	4	5
11. 休息时,我会选择与家人在一起。	1	2	3	4	5
12. 我的家庭很美满。	1	2	3	4	5
13. 我认为教师是一种传播真善美的职业。	1	2	3	4	5
14. 我认为教师这份职业带给我很多美好的东西。	1	2	3	4	5
15. 我会力所能及地帮助自己的同事。	1	2	3	4	5
16. 我会尽力避免与同事发生矛盾。	1	2	3	4	5
17. 当与同事发生矛盾时,我会选择退让。	1	2	3	4	5
18. 我认为人的命运掌握在自己手里。	1	2	3	4	5
19. 我相信自己的付出总会有回报。	1	2	3	4	5
20. 我认为一个人要有强烈的进取心才能出类拔萃。	1	2	3	4	5
21. 我认为靠自己的奋斗可以实现自己的理想。	1	2	3	4	5
22. 我能很容易地发现学生的一些优点。	1	2	3	4	5
23. 我会经常与学生交流,理解他们的想法。	1	2	3	4	5
24. 我会经常与家长交流孩子的教育情况。	1	2	3	4	5
25. 我认为教师应该理解家长的难处。	1	2	3	4	5
26. 与家长交谈时,我可以轻易地理解家长的感受。	1	2	3	4	5
27. 遇到困难,我能保持乐观心态。	1	2	3	4	5
28. 大多数时候我都感到情绪愉悦。	1	2	3	4	5
29. 我对未来充满希望。	1	2	3	4	5
30. 我遇事尽量向好的方面想。	1	2	3	4	5
31. 生活中,我总能发现令我愉快的事情。	1	2	3	4	5
32. 帮助他人会让我感到愉快。	1	2	3	4	5
33. 我总是宽容地对待别人。	1	2	3	4	5
34. 总的来说,我与周围人的关系融洽。	1	2	3	4	5
35. 和学生、同事相处的时候,我持一种宽容的态度。	1	2	3	4	5
36. 我能够很快地发现他人的尴尬和不舒服。	1	2	3	4	5
37. 我能够明显地感觉到别人想要加入谈话。	1	2	3	4	5
38. 我能够与学生进行平等的交流。	1	2	3	4	5
39. 我会通过与学生沟通去理解学生。	1	2	3	4	5

续表

项目	完全不符合	不太符合	说不清楚	基本符合	完全符合
40. 我会及时地完成教案。	1	2	3	4	5
41. 我会认真阅读所教科目的参考书籍。	1	2	3	4	5
42. 我会根据新课标更改自己的教学内容。	1	2	3	4	5
43. 我会主动与其他教师沟通教学经验。	1	2	3	4	5
44. 我会自主地去学习一些新的教学技能。	1	2	3	4	5
45. 多数时候我能完成自己的教学计划。	1	2	3	4	5
46. 我认为教师应该做事稳重、不偏激。	1	2	3	4	5
47. 我认为教师在处理学生问题时,不应该急躁。	1	2	3	4	5
48. 我认为教师不应该把其他方面的负性情绪带入教学中。	1	2	3	4	5
49. 我认为教师应该有控制自己情绪的能力。	1	2	3	4	5
50. 我会在生气后很快地调整好自己的情绪。	1	2	3	4	5
51. 我的家庭并不美满。	1	2	3	4	5
52. 我遇事尽量往坏的方向想。	1	2	3	4	5

请检查一下是否有遗漏,感谢您的作答,祝您一切顺利。